生活中的
心理学智慧

韦志中 著

清华大学出版社

北京

图书在版编目(CIP)数据

生活中的心理学智慧 / 韦志中著. -- 北京 : 清华大学出版社, 2025.8

ISBN 978-7-302-52024-5

Ⅰ. ①生… Ⅱ. ①韦… Ⅲ. ①心理学－通俗读物 Ⅳ. ①B84-49

中国版本图书馆CIP数据核字(2019)第005376号

责任编辑：张立红
封面设计：钟 达
版式设计：方加青
责任校对：卢 嫣
责任印制：沈 露

出版发行：清华大学出版社

网 址：https://www.tup.com.cn，https://www.wqxuetang.com
地 址：北京清华大学学研大厦A座 邮 编：100084
社 总 机：010-83470000 邮 购：010-62786544
投稿与读者服务：010-62776969，c-service@tup.tsinghua.edu.cn
质 量 反 馈：010-62772015，zhiliang@tup.tsinghua.edu.cn

印 装 者：小森印刷（天津）有限公司
经 销：全国新华书店
开 本：145mm×210mm 印 张：7.625 字 数：146千字
版 次：2025 年 9 月第 1 版 印 次：2025 年 9 月第 1 次印刷
定 价：59.80元

产品编号：080038-01

前　言

为何要写《生活中的心理学智慧》这本书呢？

心理学是一门科学，既然是科学，就肯定有规律可循。

心理学是一门研究人类心理现象及其影响下的行为和精神功能的科学。通俗来说，就是研究人性，有人的地方就有心理学的存在。

在我们的日常生活中，一些行为、情绪、认知等，都可以通过心理学的理论进行解释，看似平凡无奇的现象背后其实蕴含着很多心理学知识。

虽然有些人没有学习过心理学，但他们能在生活中无意识地运用心理学。虽然运用得不是很专业、很系统，但是出发点是心理学的核心理念。

比如家庭中一些懂得沟通的妈妈，她们从来不知道心理咨询中的倾听技术，可是她们却能够真正地倾听孩子。我们仔细去钻研她们的沟通模式，发现这恰恰也是心理咨询师学了好久、练了好久的咨询技术。

这些聪明的妈妈真正实现了"像咨询师一样生活"。

而有些心理咨询师已经学了好多年，到现在仍然不会说话，不会待人接物。

因此我们就在疑惑，是不是非要系统地学习心理学之后，才能熟练地运用心理学？我们能不能一开始就把科学心理学引入我们的生活中去呢？答案是肯定的！

其实，科学与常识之间有着千丝万缕的联系！

让心理学和我们的生活息息相关，这是心理学走向大众要做的第一件事情。让大家知道心理学并不神秘，心理学就在我们的生活当中。让生活当中的每一个人，都能够看到、觉知到自己正在运用心理学。

我们还可以从生活中汲取心理学智慧，把一些基本的生活常识上升到规律层面，向生活取经、向生活学习。

当然在总结归纳的过程中，我们还要学会去其糟粕，去伪存真，让真正的心理学智慧融入社会大众生活中去，帮助到社会大众。

"来源于生活，又高于生活"，用这样的一个视角再去看的时候，你会发现到处都是心理学，事事都可以为我们所用。进而让普通人发现心理学真的没有那么玄，心理学完全就在生活当中。

简单来说，这本书是从生活中的一些现象里找到生活中的心理学规律，再来指引生活健康发展。我们可以通过学习使用心理学的视角来观察生活，让自己更有智慧。

目　录

目
录

第 一 章

从包子看人的心理健康

有一次课后到食堂吃饭，有位朋友问我："韦老师，你怎么能看出我们谁心理健康、谁心理不健康呢？"恰巧服务员端上一盘包子，我以包子为例解释道：

　　若包子热气腾腾、白白胖胖，它必然来自蒸笼——一个温暖、有火有水、能量流动的环境。心理学研究指出，家庭环境的支持性（如情感温暖、稳定互动等）能显著提升个体的心理韧性，类似于蒸笼为包子提供的环境条件。相反，若包子发黑发霉，则源于充满霉菌的环境，就好像家庭矛盾、情感忽视等负面环境。研究显示：长期处于家庭冲突中的儿童，焦虑、抑郁风险增加 40% 以上。

01 包子与"蒸笼"

如果包子被人端上来的时候是热气腾腾的，那包子是来自什么样的环境呢？

肯定大多数人会说："那当然是刚从蒸笼里面出来的。"因为蒸笼底下有火，火把水烧热之后，水变成蒸汽，蒸汽促使包子最后展现出白白胖胖、柔软的样子，这就是包子最美的样子。其实对于包子来说，蒸笼就是良好、适合的环境。

如果端上来的包子不是白白胖胖的，而是发黑发霉甚至长了绿毛的，那这个包子是从哪个地方出来的呢？很明显，包子应该是来自充满霉菌的环境。

全世界都在关注污染的问题，这是我们共同的责任。因为人类的欲望和享受，让地球承受过多，需要人类共同来解决。你发现楼高了、车多了、富裕了，可河流污染了、空气浑浊了、动物灭绝了。人类在关注物理环境污染的同时，却常忽视心理环境的"污染"。心理空间由人格、价值观、情绪等构成，个体若长期暴露于冷漠、控制或高压的人际关系中，其心理生态会逐渐"发霉"。例如，边缘性人格障碍患者的行为异常，往往与其早年经历的虐待、忽视或矛盾型依恋关系直接相关。

美国心理学家布朗芬布伦纳提出的生态系统理论指出，个体的发展受到微观系统（家庭、学校等直接接触环境）的直接影响。如同包子在蒸笼中，"蒸蒸日上"的微环境能让面团充分发酵，正如依恋理论所揭示的，支持性环境能促进个体心理健康发展。

? 实操建议

① 建立家庭"心理蒸笼"：每周开展一次无电子设备干扰的家庭对话。

② 工作场所环境优化：采用自然光照明，设置绿植景观区。

③ 社会支持网络构建：每月参与两次兴趣社群活动。

所以，当发现孩子出现行为问题时，家长应首先反思家庭生态系统是否存在"霉菌污染源"。

02　心理空间与物理环境

　　不良的家庭生态环境不仅指物理环境的脏乱，也包括心理环境的失衡。心理学中的生态系统理论强调，家庭、社区等环境层面对心理发展的动态影响。若一个人长期生活在家庭暴力、语言贬低等环境中，其心理活性细胞（如自信、创造力等）会被抑制，转而形成攻击性或退缩行为。

　　环境心理学家加里·埃文斯的研究表明，长期处于混乱环境中会使皮质醇水平升高 27%。这印证了空间秩序影响心理秩序。正如格式塔心理学强调的"整体大于部分之和"，心理环境质量决定个体表现。

　　若一个人长期表现出惊恐、愤怒或无神状态，往往映射其家庭环境的压抑。亲子关系研究表明，安全型依恋的孩子在陌生情境中更愿意积极探索，而矛盾型或回避型依恋的孩子则易表现出退缩或攻击性。

　　比如今天我第一次看你，你很害怕。这只是你当下的样子，并不能断定你生活中的常态就是这样。但如果第二天见你，你仍很惊恐。一年之后见你，你仍是这样。那我就能判断出来，你经常处在一个被他人压制的环境里。孩子是家庭的代言人。

孩子有没有礼貌，是否友善，完全是由家庭互动模式决定的。

许多父母在公共场合数落孩子的不良行为，实则是育儿焦虑的投射。研究指出，过度控制的父母常因自身焦虑将压力转嫁给孩子，导致孩子出现"习得性无助"或逆反心理。例如，北京一项针对二十名母亲的深度访谈发现，**80% 的育儿焦虑源于社会竞争压力与自我价值感的捆绑，而非源自孩子本身。**

当心理空间被污染（如信任缺失、情感冷漠等），个体的"心理状态"便趋向荒芜。哈佛大学一项追踪二十年的研究发现，**童年期经历家庭情感忽视的个体，成年后抑郁症发病率是普通人的 2.5 倍，且更易陷入物质成瘾。**

而家庭结构的稳定性亦至关重要。单亲家庭的孩子因缺乏双亲情感支持，自卑、抑郁风险显著高于核心家庭；而联合家庭中过度依赖的教养模式，则可能导致孩子独立性缺失。

包子的命运取决于蒸笼，人的心理健康亦由环境塑造。若想让孩子成为"热气腾腾的包子"，需从家庭环境入手。

实操建议

①情感支持：通过开放式对话与共情，构建安全型依恋。

②规律与自由平衡：稳定的作息，规律的生活，能作为"容器"承载敏感。

③净化心理风水：减少指责，增加鼓励，避免将焦虑转嫁为控制。

正如生态学家呼吁保护自然环境，心理学家亦强调：每个家庭都是一个微型生态系统，唯有和谐方能孕育心理健康的生命。

03 从包子看"夫妻相"

除了"蒸笼"这个环境会影响包子的外形，还有没有其他因素会对包子产生影响呢？答案是肯定有的。我们看到包子蒸出来后，有些会连着、挤着，显然它们彼此之间也是有联系的。作为现实生活中的人，我们也和包子一样逃不过连接的命运，这点在夫妻身上体现得特别明显。

如果夫妻两个人感情深厚，举止亲密，表情动作就会相互模仿。另外，由于双方的生活习惯、饮食结构相同，夫妻俩相同的面部肌肉得到锻炼，笑容和表情也会逐渐趋于一致。所以，我们可以通过面部特征来了解夫妻感情。

如果夫妻双方两地分居，基本上不往来，外部的表情不会很相似；如果两个人住在一起，但平时交流不多，夫妻相也不太容易产生。有趣的是，如果夫妻感情不好，经常吵架，面部肌肉的锻炼也都是相似的，也会产生夫妻相。

心理学家告诉我们，人际交往中通过模仿、感染、回应等机制，互相制约、互相影响，这就是人际关系的"互动性规律"。

加州大学神经学家马尔科·亚科博尼发现，夫妻长期相处会激活镜像神经系统，导致表情肌群运动趋同。这解释了"夫妻相"的生物学基础，印证了班杜拉社会学习理论中的观察模仿机制。对五十对金婚夫妻的面部识别研究发现，其眉眼相似度比新婚夫妻高出 63%，证实了长期情绪互动的塑造作用。

在漫长的婚姻生活中，夫妻朝夕相伴，必然有太多太多的互动关系。在婚姻生活中，夫妻经历着同样的事情，体验着同样的喜怒哀乐，两人的表情神态必然经常处于这样的互动中，相互磨合、相互靠拢。长期的潜移默化，就产生了心理学上的"无声移情效应"。悄无声息中，两个人的表情神态也就"你中有我，我中有你"，越来越像了。

那么，夫妻双方谁更容易影响对方呢？目前还没有人做过这方面的研究，我做一个大胆的猜想：谁喜欢对方多一点，谁就越容易受到影响。这个可以留待以后进行研究。下面是积极亲密关系的经营指南。

每日践行"3-3-3 法则"：三秒眼神接触 + 三句积极反馈 + 三分钟肢体接触

实操建议

①三秒眼神接触

● 每日固定三个高浓度时刻（如早餐时间、下班回家时间、睡前熄灯前）。

● 放下手机，身体转向伴侣，视线平齐。

● 用"微笑 + 眨眼"模式传递温暖（研究显示眨眼频率降低 40% 能增强信任感）。

- 内心默念"我看到你了"，避免眼神空洞。

②三句积极反馈

- 具体行为肯定："谢谢你今天主动帮我修电脑，省了我两小时焦虑。"

- 隐性价值认可："你总能在混乱中找到关键，这种冷静让我特别安心。"

- 表达未来期许："明天你主持的会议，我相信你会像上周那样掌控全场。"

- 禁忌：避免"但是"转折句（如"今天地擦得干净，但角落还有灰"）。

③三分钟肢体接触

- 对方焦虑时，以"手掌贴后背画圈"代替语言安慰（触觉刺激可降低皮质醇23%）。

- 看电视时十指交扣，拇指周期性轻抚对方手背（激活边缘系统愉悦中枢）。

- 沉默拥抱，双方同步深呼吸至心率趋同（生理同步可化解40%以上情绪对抗）。

04 做一个热气腾腾的包子

一个人要想拥有良好的心态、良好的情绪体验，就必须拥有积极的行为。

华盛顿大学研究发现，积极行为对抑郁情绪的改善效果比单纯认知调节高 37%（雅各布森等人，2001）。正如包子需要持续热能保持松软，心理健康也需要行为激活来维持情绪温度。下面是一些实操建议。

实操建议

"5-4-3-2-1 行为启动法"

当情绪低落时，立即识别五种环境颜色、触摸四种材质物品、聆听三种声音、嗅闻两种气味、完成一个简单动作。

积极行为会促使个体有意识地调整自己的心态，所以好的心态是积极行为的结果。我们需要做的就是先诊断自己的心理生态，然后有意识地去优化。

假设现实生活中，只有十个人和我产生关系。如果其中一个人是"霉包子"，我又没有能力让他热气腾腾地变成"美包子"，那么我就应该避开他。但是，有一些人我们是无法逃避的，比如爸爸妈妈。

这是我成长的环境，我没法改变，但是我可以从自身做起，努力让自己乐观起来，利用自己的能力来带动整个家庭积极向上。

有时候，我们会遇到这样一类人，他们在心理学群体中能感觉到满满的能量，可一旦脱离群体，就会有失落感。

这是由于他们本身的温度不够，他们没有看到自身的优势，没有产生自我认同感，只能通过外在的力量来温暖自己。如果你本身就是一个充满温暖的人，那么恭喜你，你是一个"热气腾腾的包子"。

如果你自身温度不够，你就要去寻找给你温暖、爱的人，但这只是成就自我的权宜之计。我们最终应当成为一个"热气腾腾的包子"，成为一个温暖的人。

当然如果外在环境不能给我们提供温暖，我们就需要发挥自己的主动性，积极创造对自己心灵有帮助的条件。

如果我们主动地去温暖别人，你的温度自然就会提升。

多做点正能量的事，做好事能让自己有"火"的力量，这样不但能帮助别人，也能给自己升温。

♥ 生活中的心理学智慧

到底什么样的人才算是一个心理健康的人呢？

一个心理健康的人，就是具有良好的心态、良好的情绪体验、良好的状态、良好的行为能力的人。这与他的外部生长环境和人际关系密切相关。

就如同蒸一笼热气腾腾的包子，就必须要有火、有水、有大大的蒸笼；但最根本的是自己要有饱满的馅，才能成为一个热气腾腾的包子。

热气腾腾的包子是包子的最佳状态，热气腾腾的人也是心理最健康的状态。

从餐桌上的包子到咨询室里的案例，环境与心理的互动规律始终贯穿其中。**建议读者每月进行一次"心理环境审计"，从物理空间、人际网络、数字生态三个维度评估改进。**记住：每个人既是自己心理生态的建设者，也是他人环境系统的参与者。

通过将生态系统理论、社会学习理论等经典理论与生活实践相结合，我们就能构建可操作的心理健康维护体系。如同保持包子新鲜需要定期检查蒸笼，维护心理健康需要持续的心理环境优化实践。

第 二 章

知了的故事

我小时候家里面比较穷，记忆中没上学之前基本上都住在外婆家。上学之后暑假和寒假也一定去，一住就是几个月，我想应该就是为了省家里的粮食。

　　外婆居住的村不像我们村，我们村属于新建村。而外婆的村子是很古老的，没有一排一排的房子，住房都是散落在不同的田园里。

　　一个村子里有好多条小河，短的、长的、互相连着的。四条河围着一片树林，树林里有各种鸟，我就在那儿度过了非常快乐的童年。每到晚上村里的小伙伴都各自提着灯笼、拿着马灯，去捉知了。一棵树接着一棵树地捉，一个晚上就可以捉很多。

　　学习心理学之后，我发现，那个时候我观察到的知了蜕壳，跟心理成长的规律非常吻合。

01　知了的成长＝雨天＋黑夜＋破茧

知了长出翅膀之前是生活在地下的，它退下来的壳还是一味中药，叫做蝉蜕。雨夜的晚上，它就从树下的地里爬出来，找到附近的一棵树，爬到树上。大概爬到一到五米的高度，在那里蜕壳。等壳褪下来以后，它的翅膀才能展开来。

知了的幼虫生活在树下的泥土里，需要条件成熟才能出来。它需要什么条件？

就是下雨，下雨之后地就湿了，它就能用它的钳手在地面抠一个小孔。我们下雨的时候去找，看哪里有孔，就抠那里，一抠一个准。

知了的幼虫天黑才出来，因为天黑能提供给它安全的环境。晚上没有鸡、鸭、鸟去捉它，这样它就能找到最近的一棵树爬上去了。

我们再来看看它整个的蜕变过程。

首先，它的后背会裂开一条缝，这样它就能把整个身体蜕出来了。接着是所有的腿，最后是它的头，全部都要从这条缝里出来。这时它的身体非常柔软，几乎是乳白色的，还有些透明。慢慢地，它开始努力伸展蜷缩在一起的翅膀，身体也开始慢慢变色。

这个过程很漫长。天刚黑，它就破土而出了，一直到黎明前最黑暗的时候，它都在努力生长。直到早上七八点，它终于可以在枝头鸣叫了。

这个过程和人的心理成长过程非常相似。当然，并不是每一个知了都这么幸运，也不是每一个人都能成长。

如果没下雨，树下的地面是硬邦邦的，它就只能呆在里面出不来，因为它挖不开坚硬的土。

它出来时如果不是在漆黑的夜晚，就很容易被天敌吃掉。

如果它没有能力从那个壳里面蜕出来，它就永远无法在枝头鸣叫。

在它成长的过程中。如果它没能抓紧大树，掉下来了，或者蜕壳途中它没有力气了，它就再也不能爬上枝头了。

02　个人自我成长
＝安全感＋自信心＋价值感

前几年我去了福建一个叫永安的城市。我发现永安城的知了大都趴在小树上，而不是大树上，而且都趴得很低。看来这个城市没人捉知了，这是一个宁静的城市。

我到不丹去旅行，看到那里的人们个个都是笑嘻嘻的。你如果多看他一眼，他绝对会跟你说话，主动询问你是否需要帮助。遇到拥堵，他们马上会说：“对不起，你先走。”

今天很多人无法实现自我的心理成长，我们不能完全责怪他们。

因为，成长是需要勇气，需要温暖、安全的条件的。

温暖安全的条件是外部给的，勇气是内部有的。

只有当知了在枝头鸣叫时，这才是知了的“人生”。

来看看我们的人生。我一直认为：人的前半生所做的事情就是作茧自缚，就是用一根丝线，一点一点地纺，最后把自己包裹起来。比如说要成名、要成家、要有钱、要买大房子、要买车……这些其实都是你用辛勤的劳作纺出来的丝。

对于昆虫来说，它终于把自己包裹进去了，它成功了。

对于我们而言，这一切就像：科研工作者终于拿到了最高科技成果奖；在职场中终于升到了领导、管理者的岗位；做生意的赚到钱了，公司成功上市。

你成功地作茧自缚，感觉自己再也不会受到伤害了，基本上不可能再过苦日子了。但作茧自缚还不够，还需要化茧成蝶，需要有一双翅膀！那么，你有没有这双翅膀呢？有！人人都有一双隐形的翅膀！

蛹知道它未来会成为蝴蝶吗？知了在地底下的时候，它能知道自己也会有翅膀吗？我想它是不知道的。

可惜的是，很多人一辈子都没能成功作茧自缚。我们所说的作茧自缚不是说一定多有钱，而是有没有找到自己的价值，有没有赖以生存的方法和手段。

如果说前者是物质的，后者就是精神的。翅膀就是精神的。如果说前者是他人的，后者就是自我的。

有人说，前半生是为别人而活，后半生是为自己而活。到了40岁了，很多人都在想一个问题：我还要为别人付出多久？我要做我自己！

但什么是做我自己？什么是为自己而活呢？

你为自己而活，并不是说你不去照顾你的家人，而是这种照顾是发自内心的。不是说你认为别人需要，所以来照顾他，而是你自己真的想要这样做，因为你觉得照顾家人你能得到幸福。

做自己需要的事才是为自己而活，如果在满足自己的需要时又能满足别人，那么就真正实现了你中有我，我中有你。从竞争走向合作，从我走向我们。

03 帮助他人成长 = 勇气 + 时机 + 信任

我看到周围有很多人在生活中挣扎，希望自己的人生能够化茧成蝶。但是，中间那个蜕变的环节好像怎么都过不去，就好像陷入了无尽的黑暗。没有大雨之后的、变松软的地面可以让他爬出来，或许是因为他自己内心缺少勇气不敢出来。

如果一个人能够相信别人、相信自己，他自然就会有勇气。勇气应该是成长的第一个条件，没有勇气就只能在原地踏步，在自己的舒适区裹足不前。知行合一，知应该是勇气的底气，没有勇气很难真正行动。所以说成长的第一步要有勇气。

知了的成长需要时机，夏季的雨夜就是繁殖的时机。

对于个人而言，内心渴望成长和改变就是最好的心理时机。

第二个条件是环境。环境就是我们要营造的心理环境，让我们觉得安全、温暖的环境。

由知了想到我们身边需要心理帮助的个体，我们应该怎样对待这些个体呢？

首先我们要让他拥有相信的力量！

如何培养孩子相信的力量？那就是信任！以信任为前提，我们还需要静静地等待、默默的陪伴，并给予恰当的鼓励。

如果你迫不及待地把他抱出来，"爬出来吧，孩子！"结果一出来就被"鸡"吃了。没有把握好时机，就让孩子努力，只会让孩子生出挫败感。

父母所有的焦虑都是源于对孩子的不相信。然后，再把这种不相信传递给孩子，于是孩子也开始不相信自己了。

孩子有许多能力都是骨子里就有的，都是本能的。知了要爬上枝头鸣叫，这是它的本能。这是知了重生的使命。孩子要在人群中绽放自我，要在生命旅程中绽放自我——这也是他的本能。

知了知道它的目标是飞上枝头去鸣叫，所以，它愿意在地下蛰伏。它也知道什么时候需要通过内在的驱动力，完成蜕壳。这对它来说就是生命全部的意义。

孩子岂不是比知了更明白？从这个角度上来说，我们不要太操心。今天的教育只要不去破坏孩子的自然发展，就是最好的教育了。

04 心灵成长 = 尊重生命状态

我们要让孩子体验到成功，但成功是怎么来的？成功与自己定的目标有关。

如果你定的目标小一点，就容易体验到成功。当目标定的很大又很难达成时，就体验不到成功，然后，开始不相信自己了。

教育孩子就要从小目标开始。

父母们希望孩子不只是爬上一棵小树，他们都希望孩子能爬上大树。但是，爬上那棵小树，他一样可以拥有精彩的人生。

你不接受他考不上名牌大学，你不接受他不成为成功人士，但是，他依然是最好的自己。

这是很多父母的问题：把成功的标杆立得太高了。

今天有很多人对自己的职业不满意。很多人明明有很好的工作，可并不快乐。这是因为价值观出问题了。

生命最好的状态是自己感觉到有价值，并且在实现自己的价值和目标的过程中，享受其中的幸福。

父母对"优秀"的评价非常影响孩子对优秀的认定，父母的价值观是很影响孩子的。一个人自身的功课还没解决完的话，是不可能踏上成长之路的。自身的成长还没完成，是不可能踏上助人之路的。即使助人，也只是打着助人的旗号治疗自己。

记住一个关键词：**体验**！这是每个个体成长的权利，也是他的人生权利。

你可能会觉得不让孩子走弯路、不让他摔跤很重要。但是，你其实剥夺了他人生最主要的历程。今天孩子很多的体验被剥夺了，这种人生的体验、生命最重要的礼物被父母拿走了，而父母还在沾沾自喜地认为是对孩子尽责。

很多时候，父母只是在满足自己的需要，而不是满足孩子的需要。而且他们还打着满足孩子的旗号，满足自己。

实操建议

①成功日记。每天记录三件"小成就"（如主动发言、完成计划），强化自我价值感。

②隐喻重构。

- 提问："如果用自然现象比喻你现在的困境，会是什么？"常见的消极隐喻有"黑洞""沼泽""断崖"等。

- 隐喻转化：将困难视为"蜕变的裂缝"，用叙事疗法改写消极认知（如"这不是失败，而是成长的必经之路"）。把"此刻被困"改写为"蛰伏期 - 破茧期 - 振翅期"三阶段进程。

● 叙事改写训练:"这不是_____,而是_____
__的_____。"例如:"这不是职业低谷,而
是技能生态系统的旱季蓄能。""这不是社交失
败,而是关系网络的代谢更新。"

第 三 章

酿酒与献血

我在 2016 年开设了心理学课程，在招收学生时发现，60% 的报名者都不是心理学专业的。

这个结果有点出乎意料，我原以为会有大量的心理学工作者报名，其次是爱好者，社会大众可能只占很少比例。没想到第一年，非专业学生就占了 60% 以上。这也从侧面证明了，那么早大众就已经意识到自己生活中的很多困境需要通过学习心理学，寻找解决办法。

这一章我们主要了解学习和成长的两种方式：献血和酿酒。

01 什么是"献血"和"酿酒"学习法

我在教学过程中有一个原则，就是敢于把自己掏空、掏净，把自己完全放空，进而重新产生新的东西、新的思维——这就是我毕生都在践行的"献血"式学习法。献完血之后，造血功能就会被重新启动，新鲜的血液又会充满身体，所以，我能不断地"生产"出来更新鲜的东西。

我的学习理念是建立在"干净的身体"基础上的。这个概念是指人身体干净了，大脑里就不会充斥各种混乱的想法，人就会变得轻盈，能够轻装上阵。**你的身体越干净，你的心灵就越通透，体验到的东西就越好，越能够感受到别人感受不到的角度。**因此，我推荐以"献血"的方式学习。

孟子说，人生有三大快乐：一是父母健在、兄弟安好；二是仰不愧于天，俯不怍于人；三是得天下英才而教之。

我就是特别享受教育的快乐。实践是最好的学习，教授别人是最有效的学习。"献血"就是不断地在教中学、在做中学，道理也就在此过程中越来越清晰、明了。

我有一个学生，她曾经对我说过："韦老师，我做事不考虑未来，就想拼尽全力今年把它做好。"这就是典型的"献血式工作法。做事情，不惜汗、不惜命、不惜泪、不惜力。不惜力是"献血"式工作法的一个至关重要的保证。惜力的人"累了困了就喝点红牛"；不惜力的人，是永远不会疲倦的。因为"献血"的过程，就是他"充电"的过程。

"献血式"人生是拼尽全力的极致绽放，而"酿酒式"修行又是怎样的境界？学习之道，不仅在于方法路径的选择，更在于精神境界的攀升。这种境界自有层级之分，恰似知识高峰的阶梯，境界越高，视野越广。当学习者从初涉心理学，到最终晋身学术殿堂，这看似漫长的成长轨迹，实则是在经历学习境界的五重淬炼。

初阶者，不懂酿酒，平日疏于准备，待到索求时方觉原料腐坏；

进阶者，已备佳酿于窖中，随时可启封馈赠；

更高一阶，不仅能献美酒，更能授酿造之法；

至臻境者，可赠酒曲酵母，助他人自酿芬芳；

最高境界，当是胸藏韬略，步步为营，直指学术珠峰。

这"酿酒"般的修行，就像量变到质变的化学奇迹。知识在思维窖池中不断发酵，历经无数次思维碰撞与重构，最终酿出智慧的醇香。每个层次都是认知的跃升，每个阶段都是思维从零散到系统的蜕变。

持续填鸭式的学习易生弊端：当知识不加选择地持续输入而未及时转化时，前期积累的认知会因缺乏实践沉淀，逐渐与后续新知产生矛盾冲突。这种认知过载就像庄子所说"吾生也有涯，而知也无涯"。

知识积累若未经历"点—线—面—体"的整合过程，便会出现"学如繁星用如孤烛"的困境。学者金克木在《书读完了》中揭示的正是此理：真正的治学境界，在于参透知识表象背后的共同逻辑，如同将不同品种的谷物酿成佳酿。当知识完成从零散存储到系统发酵的质变，便能在需要时如丝线串联明珠一般，最终构建起自洽的认知殿堂。

当代教育的困境在于认知输入的被动化：当学习行为沦为外部强加的负担而非内在需求时，知识接收便陷入"填鸭—抗拒—厌恶"的恶性循环。一个极端案例颇具象征意义——九旬院士台上授课，台下研究生却都在打瞌睡，这种剥离思考参与的"知识灌输"，终将沦为无效的认知运动。

真正的治学当如酿酒，需以主体的享受感为发酵媒介。若学习者能唤醒内在的认知渴求，知识便会在思维窖池中自然转化；反之，若长期处于被动接收状态，即便输入量再大，也不过是让智慧原料在精神容器中霉变腐坏。

考察孔夫子的治学之道，就是"酿、血交融"的典范：他既如献血者般倾注心力整理典籍（修订《易经》），又以酿酒者的姿态进行学术再创造。在春秋时代的思想荒原上，孔子通过对话实践完成着独特的"知识发酵"——他引述前贤经典必佐以现实，让每一次学术交流都成为新思想的孵化器。这种既继承传统又开拓新境的治学方式，就像在既有知识体系中注入活性酵母，使文化陈酿在对话碰撞中焕发新生。

总结而言，"献血"学习法的心理学基础，强调的是行动对心理状态的调节作用，持续实践（"献血"）可打破思维固化，激活大脑前额叶的认知灵活性。

另外，通过大量实践还可促进 BDNF（脑源性神经营养因子）分泌，加速新神经突触形成，印证"献血"对认知重构的生物学意义。

与"献血"学习法强调行动激活不同，"酿酒"学习法的心理学机制建立在深度加工与认知整合之上。其核心理念在于通过"沉浸式吸收—批判性反思—创造性重构"的三阶认知循环，实现知识从碎片化存储到系统化发酵的质变。这种学习模式特别强调元认知监控能力，要求学习者像酿酒师调控发酵温度一样，精准管理知识融合的浓度与节奏。

神经科学研究表明，"酿酒"式深度学习能显著促进海马锥体神经元的树突棘生长，增强不同脑区间的功能连接。当学习者将新知识编织进既有认知图式时，前额叶皮层与颞叶、顶叶等区域形成高效神经网络，这种全局性神经活动模式就如同酿酒过程中微生物群落的协同作用。更值得关注的是，定期的知识整合训练能提升灰质体积，尤其在默认模式网络区域，为创造性思维提供扎实的神经基质。

从分子生物学视角看，"酿酒"学习引发的深度思考会促进

CREB 蛋白（cAMP 反应元件结合蛋白）表达，该蛋白如同认知过程的"酶催化剂"，既能增强突触可塑性，又参与记忆巩固。这与"献血"学习法所依赖的 BDNF 快速分泌形成互补：前者构建认知结构的稳固框架，后者则为思维突破提供瞬时能量。两种机制协同作用，共同塑造完整的认知进化图谱。

实操建议

①每周"清空式输出"：固定时间（如每周日）撰写学习心得或公开分享，强制知识外化。

②接受批判性反馈：加入学习小组，主动邀请他人点评，模拟叙事疗法中的"解构—重构"过程。

③主题式深度学习：选定一个领域（如团体心理咨询），系统阅读近十年核心论文并绘制思维导图。

④"发酵日记"记录法：每日记录一个知识点与生活事件的关联，促进隐性知识转化。

02 "学而时习之"与献血和酿酒

当代心理学方法论呈现三足鼎立之势：精神分析学派以弗洛伊德的"隧道式探索"技术为代表，通过自由联想、释梦等手段，如同地质勘探一般深入潜意识"岩层"，挖掘被压抑的心理能量。认知行为疗法则运用"认知重构"手术刀，精准切除思维误区，如同程序员调试代码般重塑认知算法。人本主义心理学则倡导建立"心理温室"，以无条件积极关注培育自我成长的生命力。

诸般技法虽各有优势，但都遵循"主体觉醒"的元法则。这种觉醒恰似种子破土前的内在冲动，没有认知需求的内在萌芽，任何外部干预都如同在岩壁上播种。神经科学研究揭示，当个体产生强烈的学习动机时，多巴胺系统与前额叶皮层形成神经环路，这种生理机制为心理干预的有效性提供生物学注脚。

"智者不惑"的命题在认知科学框架下获得新解：当知识积累突破阈限值，大脑默认模式网络发生重组，原有认知框架就能实现迭代升级。这种智慧转化不是简单的知识堆砌，而是将离散信息酿造为认知琼浆的过程。学问在思维窖池中经历"理解—质疑—重构"的三重发酵，最终凝结为自我管理的智慧结晶。

"习"字的双重意蕴构成完整的学习进化论：初习阶段如雏鹰在巢边扑腾，每次认知演练都在强化神经突触连接，这种"微型实践"产生的小确幸，正是持续学习的动力源泉。精习阶段则似苍鹰穿越风暴，将知识积淀转化为应对复杂现实的认知地图。历史考据显示，"习"字甲骨文形态很像鸟翼振动的连续画面，生动诠释从模仿到创新的认知跃迁。

知行关系的辩证性在教育场域尤为凸显：当实践机会稀缺时，"酿酒式"认知深化成为战略缓冲。这种积累不是简单的知识囤积，而是构建思维工具箱的过程。如同酿酒师收藏不同年份的基酒，学习者需储备多元思维模型，以待时机成熟时进行调配创新。

教育场域的实践缺失症折射出深层认知困境：某些朋友将导师的批评视为认知地震，实则错失了思维板块重构的良机。真正的教育有时就像葡萄酒酿造中的"搅桶"工艺，通过打破酒泥沉淀促进风味融合。硅谷钢铁侠马斯克的成长轨迹印证，那些曾让他难堪的批评，最终都成为认知陈酿的珍贵酵母。

下面是批评转化五步法，让我们从有效的"批评"中成长。

1. 情绪隔离：接受批评时先做五次深呼吸，启动理性脑。

实操建议

2. 信息萃取：用"批评→事实→建议"框架拆解反馈。

3. 认知审计：对照批评检查知识体系的漏洞。

4. 升级方案：将批评转化为新的认知实验课题。

5. 反馈闭环：向批评者展示改进成果，建立成长联盟。

03　学习心理学的目的是什么？

通常有两种心理学家：一种是为了生存和寻找自尊，为了个人需要和强烈的动机而进行学习；一种人就是在玩中学，他们什么也不缺，家境好，富二代。如詹姆斯、荣格等心理名家，他们没有任何生活负担，不需要为生存奔波。

但这些心理学界的人物，无论他们是哪个流派的，最终的学习目标都是为了追求真理和探索内心更自由、更快乐而学习。

在认知进化的征途中，最需警惕的莫过于陷入"认知迷航"——如同在知识海洋中失去罗盘的航船，虽满载信息货物，却不知驶向何方。以催眠学习为例，若缺乏内在价值锚点，终将在技术迷宫里原地打转，空有技术，却不懂得运用。真正的认知突破，必定伴随着心灵愉悦的持续震颤，这种愉悦源于思维突破时的神经化学带来的奖赏，是前额叶皮层与前扣带回协同演奏的智慧交响乐。

实践场域中的认知进化呈现出双重面相：工具理性与价值理性。完善自我者将心理学锻造为"认知瑞士军刀"，在自我觉察的明镜前雕琢人格棱角。他们经历的思维淬炼如同璞玉打磨，最终呈现出温润而坚定的认知光泽。这类学习者如同认知考古学家，在心灵地层中发掘行为模式的化石，通过概念重构完成自我进化。

而那些将心理学异化为"认知武器库"的学习者，实则陷入了认知工具的异化陷阱。这种学习动机暗合心理投射机制，将内在冲突转嫁为对外界的操控欲望。**如同携带认知病毒的宿主，他们分析他人的手术刀终将反噬自身，在精神世界里构筑起相互攻击的镜像剧场。**这种异化的学习是在自己的认知花园里播种荆棘，虽能暂时防御，却终将使整个精神生态荒芜。

心理学学习的真谛在于建立"认知共振场"：以自我觉察为震源，通过内在成长引发外界涟漪。真正的认知强者深谙"反求诸己"的智慧，他们运用心理学解构自我认知的偏见，在思维重组中锻造心理韧性。这种内在进化遵循"认知蝴蝶效应"——当个体完成认知范式的蜕变时，其散发的认知波频将自然引发周围环境的同频共振。社会效能转化理论就提到了从利己到利他的动机升级，需要内在动机（求知欲）与外在动机（社会认可）结合，可通过"献血→酿酒→分享"循环强化。

亲社会行为研究也提出，知识输出（如义务心理服务和心理知识分享）激活大脑奖赏回路，提升幸福感。

如果一个妈妈学了心理学之后，在家对付小孩，这个就很危险。妈妈对自己没办法，老拿学的东西去对付孩子，那么怎么行呢？作为妈妈没有改变，原本打算运用心理学来帮助孩子成长，结果却变成了伤害孩子的武器，这是多么令人心痛的事情。要知道，孩子的改变是在父母改变的基础上"润物细无声"的改变。所以，作为父母，我们真的需要反思一下。如果你是一个有问题的领导，学了心理学，那下属的生活就会更加水深火热。改变自己是方向，方向对了才不会南辕北辙。

人是第一技术，人不变，学的方法很可能伤害别人、伤害自己。如何影响别人呢？不是你告诉别人怎么做，而是别人自愿追随你，按照你的样子去生活。例如，我今天打扮得很漂亮，别人一看惊若天仙，觉得你的样子实在是太美了，我回家也要按照这种方式穿衣打扮，这就是润物细无声的真正影响。

再比如，在教育孩子的过程中，遇到一个问题，父母双方就会热烈地讨论起来。小孩子无形中就被影响，知道学习可以采用讨论这种方式。你什么都没说，但影响就切切实实地发生了。由此可见，当我们能够把心理学知识、智慧、科学的原理，贯穿到生活里面，所有的学科都可以融会贯通。

❤ 生活中的心理学智慧

我们从心理学的角度深入思考，会发现学习一种行为而去管理自己的心理，也是有效的路径。虽然很多人并没有学习心理学，无法运用心理学的理论和方法去自我管理，但他们依然能够保持良好的身心状态。由此可以看出，学习和自我成长，应该有很多途径，其中一个就是"学而不惑"。

真正的学习革命，始于对"知识容器"身份的颠覆。当我们不再将大脑视为被动储存信息的仓库，而是转化为动态的"认知酿酒坊"，每一次实践（献血）都成为激活神经回路的酵母，每一次沉淀（酿酒）都成为重组经验的窖藏。神经科学揭示的秘密正在于此——BDNF的分泌高峰不在输入瞬间，而在输出与整合的交界处。正如茅台镇的老匠人懂得"七次取酒"的智慧，我们的认知进化也需要在"清空—充盈"的循环中，淬炼出思想的醇度。

孔子编撰《周易》时，用实践精神（献血）重组上古智慧（酿酒），恰恰隐喻了现代人的成长困境：我们害怕掏空自己，实则是恐惧面对掏空后显现的生命裂缝。但神经可塑性研究证明，正是在这些认知裂缝中，生长着最活跃的神经突触。就像金缮艺术用金粉修补残缺，当我们将"献血"的勇气与"酿酒"的耐心注入知识裂缝时，那些曾被视为创伤的空白，反而会成为照亮认知迷宫的金线。

在我看来，以献血的方式去工作和生活；以酿酒的方式不断为自己补充能量，人生就一定会大放异彩。所以希望所有的读者，能够懂得"献血"和"酿酒"，用此来经营更好的人生。

第 四 章

拔腿毛的小女孩

在心理咨询当中，我发现了一个现象，有很多女孩来找我做咨询，她们跟男性成人的关系会有一种特殊的表现，就像一个不懂事的"内在小孩"在挑战正常成人边界感的极限状态。用一个隐喻来说，有点像拔腿毛。

01   谁是拔腿毛的小女孩

设想一个男人在堂屋里面坐着，喝茶、抽烟，门是打开的。一帮小孩在外面玩耍，有个小女孩，玩着玩着就从门的旁边伸头看一下。

这时男人会有什么反应呢？

第一种，男人会很反感地吆喝："谁呀，想进就进来，不进来就不要在外面毛头毛脑的。"男人的这种反应对于那个有点胆怯，但又想进入屋子的女孩，会有什么影响呢？女孩肯定很害怕，一溜烟儿地跑开了。

第二种，男人会很关切地问："刚才是不是小女孩？进来吧。"此时小女孩一听叫她的名字，自然就进来了。

第三种，男人直接端起茶水，猛地往门口一泼，顺便赶人："去去去！上一边玩去！"小女孩一听，赶紧跑开了。

在这三种反应中，只有第二种反应，男人会和小女孩产生进一步的交流。男人的友好会促进女孩走进房间。

女孩进入房间之后，男人把桌上的糖果拿给了小女孩。小女孩就站在旁边，看到男人跷着二郎腿，挽起裤腿，腿毛露了出来。女孩心里想，他这么对我，是不是真的喜欢我？我来试探一下。然后小女孩怎么做呢？就瞅准男人的小腿，抓了一根毛，拔掉了。

拔掉男人腿毛后，男人会有什么反应呢？

第一种反应是，男人很严厉地训斥女孩："怎么回事？拔我腿毛干什么？"女孩之后就再也不敢拔男人腿毛了，甚至直接被吓到，躲出去了。此时女孩也会得出结论：男人并不是真的喜欢我。

第二种反应是，男人会平和而好奇地询问女孩："你拔我腿毛干什么？好疼！"但是他没有指责女孩。女孩没有被责备。她就会想："我拔他的腿毛，他都不责备我，他是真的喜欢我，那我就再来一次吧。"于是女孩又拔了一根腿毛。

同样的道理，其实在心理咨询当中，你的来访者也会尝试着去拔你的"腿毛"，来确认你是不是真的喜欢她，你是不是真的接受她。

02　小女孩拔谁的腿毛

小女孩会拔谁的腿毛？

大多数时候，如果拔一个不熟悉人的腿毛，人家肯定会一脚把你踢开，这一点，小孩子也懂。只有给你关心、给你爱的人，才会允许你拔腿毛，才会给你机会成长。

英国精神分析师约翰·鲍尔比提出的依恋理论指出，儿童会通过"陌生情境实验"观察照料者的反应，确认其是否可靠。当咨询师允许来访者拔腿毛时，这种"安全基地"效应被激活——来访者潜意识里在测试咨询师能否成为其新的依恋对象。玛丽·安斯沃思的研究发现，焦虑型依恋者（约占20%）会频繁通过挑衅行为确认关系稳定性，这正是"拔腿毛"行为的心理学本质。

其实在咨询过程中，有些来访者会像小女孩一样，通过"拔腿毛"的方式来确认咨询师是不是真的接纳他。有些咨询师会强忍着疼痛，装作淡定，因为职业道德、准则在那里。对于来访者的行为，咨询师的态度是：你拔我腿毛，我也必须接受。这时来访者就会不服气，心想：少来这套，等会儿我再拔你一根，看你发不发火！他要不断地确认。

这也符合行为主义中的"正强化"机制，斯金纳的操作性条件反射理论在此显现：咨询师的隐忍（正强化）反而强化了来访者的试探行为。认知行为疗法（CBT）中的"行为功能分析"揭示，这类行为的核心目的是"获取注意力"或"验证关系强度"。来访者如同实验室里不断按压杠杆的小鼠，用拔腿毛作为探测工具。

放在亲子关系中，其实就是孩子会不断试探家长，或者是亲近的人，看成年人的底线在哪里。青春期的孩子叛逆，他叛逆的背后就是在试探。比如有些孩子不爱学习，老师布置作业也不写，他就想通过这种方式来试探父母或老师对自己的忍耐限度。

为什么有些人会习惯于挑战关心他的人呢？至少是觉得自己不被关注，希望得到他人关注的人。我要试探一下我是不是你最爱的人。比如在咨询过程中，来访者要确认这个咨询师是不是真的有能力，能帮助到自己，能接纳自己。怎么确认呢？就是不断地激怒咨询师。

其实用现在流行的话讲，"拔腿毛"的行为就是"作"。这次拔的是腿毛，下一次可能就是头发。他会量化这种程度的深浅，同时也会随时留意对方的底线到底在哪里。

如果这样的行为出现在恋爱关系中，可能就是有问题的，甚至是病态的。哈赞和谢弗的研究发现，焦虑型依恋者（约占总人口的20%）会在亲密关系中表现出"情感过山车"特征。

他们通过制造危机来确认伴侣忠诚度，正如拔腿毛行为在恋爱中的投射——用伤害表达依恋，形成"越痛越爱"的恶性循环。为何说它是病态呢？因为他们本不想让爱人痛苦，只是想证明爱人对自己的喜欢，可是"拔腿毛"这种表达方式却伤害了对方。道理他们明白，但他们自己停不下来。

这是以伤害对方的方式，来表达爱。

03　为什么要拔腿毛

在每个人的内心里都有一个"小孩"，这个"内在小孩"是我们内在自我的一部分。他既是我们人格的原初蓝图，亦是情感创伤的储存载体。一个人的生命旅途中，会经历各种各样的事件，当生命之河裹挟着各色事件奔涌而过，这些或明或暗的记忆碎片便在潜意识深处沉积为心理岩层，持续塑造着成年后的精神地貌。但为何这个稚嫩的自己始终蛰伏于心灵幽谷，而非随岁月自然成长。

这是为什么呢？这背后暗藏着心理发育的时空辩证法。

心理成熟并非线性延伸的轨迹，而是遵循着生物体固有的发育节律。同样，我们每一个心理发育阶段也有不同的主题。在一到三岁的时候，是一个孩子构建原始信任感的时候，这种原始的内在信任感是一个人心理发展的基础，这个时候是原始信任感发育的关键时期。关键期理论提示我们，心理干预需把握敏感阶段。唯有正视内在小孩的需求，才能促进心理的真正成熟。

> 英国心理学家约翰·鲍尔比曾言："依恋是贯穿一生的情感联结。"

现代产房护理早已将触觉安抚纳入标准流程：助产士用恒

温毯模拟子宫包裹感，通过肌肤接触修复分娩创伤。这种即时响应的养护机制，正在为新生儿编织第一张安全网。

有的人在早期依恋阶段就出现了结构性断裂。有一个女孩，在她两岁的时候，被父母放在外婆家抚养。这桩突然和父母分离的事件，让她首次体验到创伤，从而产生了被抛弃的感觉。而这个创伤如果一直没有得到修复，那么她长大之后，在自己的亲密关系中就会随时把这种不安全感体现出来。未被代谢的情绪能量将凝固成心理结石。

比如一旦伴侣不告诉她去向，她就会忍不住胡思乱想，严重的时候可能还会雇人跟踪自己的伴侣。这个时候，即使对方跟她解释、澄清，作用也是不大的。结果，因为对方感觉自己不被信任，亲密关系可能会因此遭受到破坏。这种不信任感，其实是过去被抛弃的小女孩对自己"值得被爱"这一信念的不信任，是过去受到创伤的小女孩害怕被抛弃事件会重演的恐惧。

有很多人一辈子都在不断用"拔腿毛"的方式来确认我是被爱的，是被喜欢的。就算他的意识层面知道父母是爱他的，但是在潜意识层面还是会不自觉地怀疑。比如，因为吃饭迟到这样一件小事，非要问你"是不是不在乎我，到底爱不爱我"，最后弄得两个人都不开心。所以我们腿上要长很多"腿毛"，就算没有很多"腿毛"，也要长点"假腿毛"。

"假腿毛"是什么意思呢？

这是指人们在亲密关系中通过"反向操作"表达真实需求的现象。例如当个人遭受侵犯，本来可以压抑怒火时，却要刻意表现出愤怒情绪，这种看似矛盾的行为实则是一种自我保护机制——通过模拟激烈反应形成威慑，防止他人再次越界。

每个人都有自己的边界，别把试探当作亲近，也别把越界当作关心。

两性互动中这类现象尤为典型。某些男性在伴侣劳累时会突然提高声量："说过多少次要注意身体！"这种"伪装愤怒"的关心方式，恰恰能精准触动女性的情感需求。无独有偶，俗语"男人不坏女人不爱"中的"坏"，本质上也是"拔腿毛"的变体。男性可能通过抽烟、酗酒等颓废举止营造"危险气质"，这种非常规表现反而能突破传统好男人的形象桎梏，形成独特的吸引力磁场。

亲密关系的博弈充满策略性反转。当男性发现正面积极的形象无法奏效时，往往会启用"差异化竞争"模式：女性习惯用语言伤害来验证爱意，男性则倾向于用自毁行为激发保护欲。电影《不见不散》中葛优饰演的刘元便是典型，当恋人离去时，他选择用颓废沉沦来激活对方的母性本能。这种看似消极的策略，往往比钻石戒指更具情感杀伤力——正如那个酗酒落魄的男人，虽无物质供给，却能通过脆弱感构筑起难以替代的情感羁绊。

剧本创作中常见此类隐喻：风光无限的赛车手被抛弃后自甘堕落，反而促使前女友离开精英男友回归拯救。若说女性作天作地是为唤醒伴侣的责任感，那么男性的自我放逐则是在叩击对方的同情心。这些"假腿毛"式的情感操作，恰似生物本能的镜像投射，在进退维谷间编织着人类最复杂的依恋图谱。

总结而言，女性表达谱系，是通过"作"构建情感压力测试，以戏剧化冲突验证存在价值。这种周期性情绪震荡，实质是对父爱缺席的追索性补偿。男性行为范式，则以颓废激发母性投射，用边缘化生存策略渴求关注。从《不见不散》中葛优的颓废美学，到赛车手自毁式的情感勒索，这些反逻辑的生存智慧，恰是进化心理学在都市丛林中的变异表达。

当女性用"拔腿毛"确认被爱时，她是在重现童年求关注的原始场景；当男性用"坏"吸引注意时，他在重演未被满足的依恋渴求。这种互补就像心理拼图的阴阳面——女孩用情绪风暴激活对方的责任感；男孩用自我放逐唤醒对方的保护欲。理解这些行为背后的心理考古层，就能将破坏性互动转化为成长契机。

每个看似非理性的行为褶皱里，都封存着等待破译的心理密码。当我们学会用成人的理性守护童年的纯真，用当下的觉知重构过去的叙事，那些蜷缩在心灵褶皱处的孩子终将展开蜷缩的羽翼。毕竟，真正的心理成熟不是抹去童年印记，而是让那个内在稚子在爱的镜像中，完成跨越时空的自我救赎。

04　拔腿毛的两种形式

"拔腿毛"现象呈现两种典型形态：语言型与行为型。

语言型表现为"冰火两重天"：日常相处时，对方能事无巨细照料你的生活，在暴雨天横跨城市送伞，生病时彻夜守护床边，行为细节浸透着关怀的温度；然而言语对话中却充斥刺耳的否定，"你怎么这么笨""这点事都做不好"，像砂纸般反复摩擦着情感连接。

行为型则更显荒诞：永远挂在嘴边的是"我爱你"，手机里存满甜蜜情话，社交账号频繁示爱，语言层面俨然完美伴侣；却在关键时刻掉链子——重要约会屡屡爽约，承诺的事情永远拖延，用持续的失信行为消解着语言堆砌的深情。

更复杂的情形如同双面利刃：某些伴侣既保持语言上的持续打压（"没人受得了你的脾气"），又在行为上刻意制造精神操控（冷热交替、情感忽视），这种"复合攻击"往往源于其人格缺陷的失控表现。受害者却在这种扭曲互动中陷入斯德哥尔摩综合征，形成病态依赖。也就是既痛苦不堪，每日煎熬，又离不开对方，分分合合，永无休止的相互折磨。

破解困局需要认知重构。当遭遇"拔腿毛"攻击时，不妨启动"需求探测器"。心理学早已探明，攻击行为往往包裹着扭曲的联结渴望——孩童用哭闹求关注，成人用指责示脆弱。**那些刺伤我们的言语背后，可能暗藏着未被满足的情感需求。**掌握这种解读密码，就能将攻击转化为关系修复的线索。毕竟，最高级的亲密关系，永远是两颗破碎灵魂的互相映照与修复。

> 看见对方愤怒背后的恐惧，指责背后的脆弱，就有了开启双向救赎的可能。

这里讲一个亲密关系中拔腿毛的例子。曾经有一个朋友，听到我讲拔腿毛的小女孩的故事时，开始思考自己的依恋模式：我曾经在原生家庭中怎样拔过父母的腿毛呢？今天在亲密关系中的我，又是怎样沿袭了这样的模式呢？

小时候，我不到两岁就一直住在了外婆家，我不记得当年我曾经有过拔谁腿毛的放肆，尽管外婆、舅舅、小姨都很疼我。但那时的我，乖巧的很。再回到自己家，已是上小学的时候，爸爸妈妈关系不好，日子过得是鸡飞狗跳，别说什么拔腿毛，我总是小心翼翼地躲着，最好谁都别注意到我才好。可是，那个小小的人儿，心里该有多么深的不敢言明的渴望，只是在童年时期，这些渴望都被压抑下去了。老话说"穷人多贪婪"，成年之后，进入亲密关系，我一有机会就会锲而不舍地拔"那人"的腿毛。

从最初，我们只是朦朦胧胧地互有好感，我希望他帮我做什么，但我从来不会直接开口表达、求助，而是常常自我对话："都不帮我，讨厌！"然后就生气、不理他，直到他又有偶然间做了什么事让我感动，我又稍微确认一点他是在意我的，爱我的……一次次，周而复始，不知疲倦。关键是，所有这些，都是我自己的内心戏，对方是毫不知情的。最终，把那个纯真的小男孩气得要去追别人了，我再躲进角落暗自心伤，那份心伤里有多少前尘往事的伤痕，有多少曾经的惶恐印记。

后来，在我不小心的表白后，他才又牵起我的手。那又怎样，"你是爱我的吗？""你会一直爱我吗？"那个从幼年就形成的深不见底的黑洞，日复一日地传出这样的声音，让我不断的试探、确认。我的绝命招式就是使性子不理人和指责。但冷战的内外温差实在折磨人。心里明明不是想伤害他——他明明是我唯一能敞开心扉的人，可那些"不够爱我"的委屈就像潮水似的往上涌，整个人被恐惧泡得发软发皱，连说话的力气都漏光了，活像棵被抽干水分的枯树。面上还要装得刀枪不入，假装什么都看不见、感受不到。可他一瞅见我这死样子就要炸毛："摆什么脸色！"

说实在的，我这冷战更像是自我保护，给心脏裹层硬壳。指责人的话张嘴就来，"无理都要占三分"早成了习惯。过日子哪来的绝对对错？不过是从各自角度望出去的世界不一样。反正我眼里全是刺：做饭时你在歇着；让你接我没动弹；周末想跟朋友出去浪……桩桩都是"不爱我"的铁证。其实谁在乎这些破道理？就想听句"我在呢"，想确认自己始终被好好爱着。

可是，要能说出"我想要……"是需要力量的，这份力量我没有，我还没有确信"我是被爱的""我是值得被爱的"。可怜的男人，从还是个男孩开始就被我盯上了，一路跟着，嘴上喊着我爱你，手上却是从没停下过毫不客气地"拔腿毛"，一根一根，不停不止。

结婚多年，长久的"挑衅"和折磨，让婚姻岌岌可危，甚至快要走到尽头……

直到有次真跌到谷底，反倒突然看开了。不知道是因为他这些年所有坚守、包容由量变到质变了？还是绝望到底后破罐子破摔？或是因为当真看到了最坏的结果……当曾经最害怕的事情真的摆在眼前，慢慢的觉得也不过如此而已！说不清。反正从那以后，敢把"想要"说出口了，发现直截了当比绕弯子管用百倍。虽然现在偶尔还会闹脾气、冷战、甩锅，可那个整天活在"你到底爱不爱我"疑心病里的姑娘，现在也能从鸡毛蒜皮里咂摸出甜味儿来了。

♥ 生活中的心理学智慧

"拔腿毛的小女孩"堪称人性实验室里最鲜活的标本。她那些看似顽劣的恶作剧，实则是用疼痛编织的求救信号——当童年被忽视的经历在潜意识里烙下"不被看见"的恐惧，成年后的她便在亲密磁场中复刻了这种病态模式：通过制造微小伤害来确认存在，用对方的痛觉证明自己的鲜活。

这种"痛感确认仪式"在亲密关系里演化为危险的双人舞。她像执拗的化学家，反复将情感试剂滴入对方瞳孔，期待看到"在乎"的显色反应。拔去的每根腿毛都是爱的试纸，责怪的眼神反倒成了试剂显色的证明。这种自毁式验证往往形成恶性循环：越缺乏安全感，越需要疼痛刺激；越制造伤害，越容易被推离安全港湾。

在心理学视域下，这种行为实则是"情感闪回"的具象化。过往创伤在潜意识层面积水成冰，当现实情境触发相似感受，大脑便自动启动熟悉的防御程序——哪怕这个程序早已不合时宜。就像动物被困牢笼后形成的刻板行为，即便笼门大开，仍会重复无望的奔跑。

但真正令人警醒的是这种行为对关系生态的破坏。初期或许能被解读为"作天作地"的情趣，长期却会侵蚀信任根基。如同在森林里反复点火测试湿度，终会酿成不可逆转的火灾。当"拔腿毛"从试探变为习惯，关系便陷入假性亲密状态——

表面热闹，内里尽是未愈的伤口。

破解这个困局需要双向觉醒。于己，要觉察那些"不小心"背后的情感黑洞，将拔毛的手转化为触摸自己的手；于人，要理解作天作地背后的恐惧，用稳定框架替代情绪对抗。毕竟，真正的安全感不是从对方皮肉上拔出的痛觉，而是两个完整灵魂在看清彼此阴影后，依然选择拥抱光明。

第 五 章

包饺子与心理技术制作

饮食文化是中国人很重要的一种核心文化，其实饮食当中也是存在心理学智慧的。

记得我讲过一些心理技术的制作，其中就有一个包饺子的例子。

包饺子居然和心理技术产生联系，这多少让人觉得有点荒谬，但心理技术的制作是一种知识，传授知识的过程就像包饺子一样。

01 传授知识就像包饺子一样

道理听一千遍还是道理，只有真正体验到才能变成自己的知识；只有亲身体会过才能化作自己的养分。为什么要特别强调"体验"这件事？因为体验是主动学习，人只有真正动手参与，才会主动思考其中的门道。我们平时大多数学习都是被动的——老师在台上讲，学生在下面狂记笔记，可这些记下来的知识若没经过实践，终究只是纸上的符号。

当个体仅通过听觉接收信息时，大脑主要激活布洛卡区（语言处理）；而通过实践体验时，运动皮层、感觉皮层与海马体才能形成神经回路共振。麻省理工学院镜像神经元研究发现，模仿动作时的神经元放电强度是单纯观察时的 3.2 倍，这正是游戏式学习有效性的生物学基础。

人的学习方法会随年龄增长发生变化。儿童时期天然爱在游戏里探索世界，但很多父母对此深恶痛绝，这其实是和人类的进化本能对着干。想想看，人类几十万年进化过程中，哪项生存技能不是通过游戏式的模仿习得的？真正需要干预的不是游戏本身，而是防止孩子沉迷劣质游戏。但是，由于我们对游戏害怕、恐惧，也分不清哪些游戏是不好的，哪些游戏是好的，最后干脆全部简单粗暴的禁止，这就很糟糕了！家庭教育需要通过让孩子玩游戏，去提升技能，促进心智发展。家庭教育应当引导孩子玩有益的游戏，在游戏中提升各项能力。

就像做心理学工作，对不同人得用不同方法：有人适合游戏疗法，有人需要行为训练，有人则偏好哲学对话。

青少年阶段的学习方式要转向实践。这个阶段要让孩子亲身体验，在动手过程中理解知识。到了高中阶段，开始加入思辨讨论，用逻辑分析来深化认知。所以你会发现，小学课堂总是书声琅琅，而高中课堂更多是分组辩论——这不是记忆力衰退了，而是思维升级了。这种学习规律其实映射着人类的进化轨迹。最初通过游戏建立基础认知，接着通过实践积累经验，最终发展为抽象思维。

现在 IT 公司偏爱招聘年轻人，正是因为他们处于"后游戏期"，创造力处于峰值。若是四五十岁的资深人士，可能更适合哲学研究，但创新突破就相对困难了。诺贝尔奖得主那些颠覆性成果，大多是在博士期间或毕业八年内取得的，这正是创造力最活跃的黄金期。

要让体验发挥作用，必须设计具体的活动载体。体验式课堂受欢迎的本质，在于它让学生成为主动学习者，内在动力被充分激发。不会设计体验或教学的老师，课堂必然枯燥沉闷；而擅长体验教学的老师，能把知识转化为可操作的技术。就像包饺子，知识是馅料，技术就是包饺子的手艺。体验式学习会触发大脑腹侧被盖区的多巴胺分泌，形成"尝试—反馈—强化"的正向循环。微软教育实验室的 VR 教学实验表明，动手操作纠正错误的过程能使多巴胺浓度提升 40%，远超被动听讲时的神经反应。

你看饺子是怎么做成的？先要把面团擀成皮，再调制各种馅料——物理知识、化学原理、心理学理论，这些就是丰富的馅料。会包饺子的老师，懂得如何把知识包进活动的"面皮"里，让学生在动手过程中自然吸收。这种教学艺术，才是体验式教育的精髓所在。体验式学习正在重构人类认知进化路径。当知识获取从"符号记忆"转向"身体图式"，当学习过程从"个体认知"升级为"集体认知网络"，我们或将见证智慧生命进化史上的新里程碑。

02　你会包饺子吗

　　饺子皮如果大了，一点肉馅，一捏就成了馄饨。这种馄饨吃的时候，加点虾米、加点香菜，味道很好。可是不到两小时，肚子就会饿得直叫。为什么？因为馄饨馅儿太少，营养不够。其实有些老师在教育的时候因为不会技术，制作的就是馄饨，言下之意是什么？即同样做了这个活动，但是教育效果达不到最大化。

　　现在有些学校搞教育教学改革，为什么没有成效呢？因为在技术方面老师没有掌握。国家提倡体验式教育教学法，有些老师也采用了体验式教学。可是等到学生考试的时候，成绩却下降了。按理说，采用体验式的课堂，学生成绩应该上升才对，为什么成绩会下降呢？原因就在于教师在技术层面没有把有效的知识放进去，活动很好，很有趣，孩子们很喜欢。可是却没有知识的传授，这也是不行的

　　还是包饺子的问题，如果你不会包，就不敢放太多馅，放多了，皮那么小，馅多皮薄就漏馅，饺子就烂了。露馅是什么？你这一堂课活动太少，给到学生的知识太多，硬撑。最后露馅了，不舒服，学生们不愿意接受。

学校派一批老师去参加体验式培训，回来以后用在自己课堂上。结果，老师学完回来后，对学生说："我们现在要搞体验式课堂，我先来带领大家玩个游戏。"学生很开心。可是游戏玩完之后，老师却说"下面我们正式上课"。

什么意思？两层皮。

没有把本堂课的知识放在饺子里面，就像去饭店吃饭："老板，来一盘饺子。"老板煮完皮端上来。皮吃完后，馅才端上来，这就是"两层皮"。

建构主义学习理论强调的"认知冲突—顺应"机制，精准指出了传统体验式教学失效的症结。当学生玩游戏后直接切换授课模式时，新旧认知之间未能建立有效联结，导致了"两层皮"现象。有效的建构主义教学应遵循"支架式"原则：教师先搭建知识框架（如"经济规律如同游戏积分规则"），学生通过体验活动（模拟市场交易）产生认知冲突，最终在教师引导下重构知识体系。

比如，你想教孩子劳动，你不能跟他讲："我跟你爸爸当年很苦很艰辛。"你要带孩子去体验。怎么做呢？带着他走一段路，不坐车，也不骑车，走着去外婆家，走五六里地、七八里地。当孩子实在走不动了，他也就体验到了。这时你可以顺便说说自己年轻时这样走了多少年，趁机给孩子讲艰苦的故事。你看这种教育多好，父母不用跟孩子讲有

凡是要把知识传授给别人，都得把知识转换成一种技术。

多苦，父母只要带孩子去做，带孩子去做的这个过程就是孩子体验的过程。

　　体验式教育并非简单的"活动＋知识"拼凑，而是建立在严密的学习科学体系之上。大卫·库伯创立的体验式学习圈理论，揭示了完整的学习循环：学习者首先通过具体体验直面真实情境，如在农田插秧时感受泥土的阻力；随后进入反思观察阶段，分析"为何秧苗间距影响产量"；接着形成抽象概念，将实践经验升华为理论知识；最终在主动实践中验证认知，如设计智能灌溉系统优化种植方案。这个螺旋上升的过程，就是"包饺子"从失败到成功的认知深化路径。

03 你包的饺子好吃吗

包饺子是门技术。

包饺子先干什么？先和面。面和得软了，包出来的饺子不够筋道；面和的硬了，擀不好。课堂管理需建立"情感回路式"评价。教师通过肢体语言（如轻拍肩膀传递鼓励）和口头反馈（具体点评学生操作细节）形成互动闭环，如同揉面时的"三光"标准（手光、盆光、面光），确保每个环节都达到教学效果。

那馅呢？馅要调得好，就要加调味品。课要上得好，就要有味道。课没有味道就像饺子馅没调好一样，是胡椒粉、姜、葱、蒜、盐、味精这些东西搭配得不好。

这些东西是什么？这些东西就是你在带领技术过程中，你的觉察、你的温暖，你的接纳、你的尊重。把它搅拌进去，味道很好。搅拌就是你在制作"心理技术"的过程。教学艺术的本质恰似烹饪之道：技术为骨，情感为魂。人本主义心理学强调，当教育者的觉察如盐般精准、温暖如姜般驱寒、尊重如胡椒般激发活力，这些情感元素通过罗杰斯所言的"无条件积极关注"融入教学，便形成了独特的"教育风味"。

有人学了很多年心理学技术，但是学成后自己一开课，一比较，问题就出现了。搅拌的技术有高低，制作技术的能力有差异。同样的是讲课，有的味道不好，人家一听不舒服、不连贯、不流畅，于是不想看，不想听；有的味道好，就会让人如沐春风似饮甘泉，听了还想听，看完还想看。

认知神经科学揭示，当学习者在接纳与安全的环境中，杏仁核的防御机制减弱，前额叶皮层的认知功能得以充分激活，知识吸收效率显著提升。那些令人如沐春风的课堂，实则是教育者将技术之"搅拌"升华为情感共鸣的艺术，让理性认知与感性体验在意识深层完成对话。这种超越技术层面的"味觉革命"，正是教育从传授走向唤醒的质变跃迁。

04　煮饺子也有学问

煮饺子的流程是什么？

先把水烧开，把饺子放下去之后不要停顿，马上用勺子顺着锅底，轻轻推动，让饺子活动起来，不要沾到锅底。因为饺子刚下锅时会沉在下面，这时候把锅晃一晃，让它们转起来，它们只要不沾锅就不会烂。

煮饺子的过程蕴含着深刻的教育动力学原理，其精髓在于对"张力平衡"的精准调控。当生饺入水下沉时，用勺推动防止粘连的举措，恰似维果茨基"最近发展区"理论中的支架式教学——教育者需通过适时干预帮助学生突破当前能力边界，但干预力度必须如勺底轻触般恰到好处，避免替代性成长。这种"推动而不代劳"的智慧，体现了教育过程中支持与挑战的动态平衡。

关于续水的问题，如果水开得太猛，也容易把饺子给煮烂了。加点凉水，等会儿水开再加点凉水，连续三次，饺子就可以出锅了。

为什么要添加凉水呢？因为三次加水的方法，暗合了耶克斯－多德森定律的"倒 U 型曲线"：当水温（学习强度）突破

67

临界点时，及时注入的凉水（认知缓冲）能有效降低焦虑阈值，将动机水平维持在最佳唤醒状态。神经教育学研究发现，当工作记忆负荷超过前额叶皮层处理能力时，适度的压力中断反而能促进海马体对信息的深度编码，这与西北地区瓜果因昼夜温差积累糖分的原理异曲同工。西北地区温差很大，白天太阳暴晒，夜里只有零下几度，这种地方的哈密瓜、西瓜、苹果品质都好，特别甜，这种自然规律，也适用于教学场景。

煮饺子也是一样，饺子正在沸腾时，它的温度是一百度，这个时候给它降温，它的鲜味就会向内收敛。在生活中也是这样，当我们觉得自己很好的时候，老师批评一下，就相当于浇凉水。孩子很骄傲的时候，父母稍微帮他压一下，这也是浇凉水。

存在主义哲学家雅斯贝尔斯曾言："教育的本质意味着一棵树摇动另一棵树，一朵云推动另一朵云，但必须是带有张力的摇动与推动。"

这种"热冷交替"的智慧在教育场域中更具深意：当课堂讨论趋于过热时，教师适时引入认知冲突或元认知提问，如同在沸腾的思维中注入理性凉水，促使思维从表层兴奋转向深层建构。教育现象学揭示，适度的认知失衡能激活学生的存在性探索，而过度顺畅则会导致思维惰性。

05　包饺子与三维课标

在教育的过程中，要实现教育教学效能的最大化，必须要让被教育者在体验、艺术、动力的过程中，来实现被教育。这个教育教学是广义的，包含了家庭教育、学校教育，以及任何人类的教育活动。

是什么原因促使我用饺子来说明教育技术？

我们每个人都吃过饺子，也差不多都煮过饺子。教育技术这个理论要想联系实际，要想让旁人听得懂，就要从日常大众都熟悉的场景入手。正好大家对饺子都非常熟悉，于是我就用了这个例子。什么是接地气的讲解，那就是一说大家都懂。为什么大家懂呢？因为大家都熟悉，都体验过。用饺子来讲解教育技术就是这个道理。

饺子的原材料，是面粉。北方人会把大部分面粉做成馒头、面条等。如果天天吃饺子，都会厌烦的。这就相当于认知教育，老师把知识交给你，就要求你吃下去。也不管别人能不能消化，也不管别人是不是喜欢。比如说猪肉，你只给一块生猪肉，我们是吃不了的。你还要把它做成各种肉丝和肉片炒出来，胃才能消化。所以，老师传授知识也是一样，不能干巴巴地只教知识，还得考虑学生能不能接受得了。

我们知道，课堂要实现三个目标，**知识与技能、方法与过程、情感态度与价值观**。这个三维课标和包饺子是有异曲同工之妙的。馅料就是知识与技能。如果我们只有皮，包的馅少，就是知识与技能少。饺子皮是方法与过程。饺子皮太大、馅太少，会导致太难吃，食客不想吃。如果出现在教育情景中，就会出现教育效能低下，虽然用的时间很长，但不能达到教育目标。这就好像是你要告诉别人的东西太多，但别人根本不想听，或者听进去也不吸收一样。

以朱自清《荷塘月色》的教学为例，教师可构建多维教育情境实现育人目标：其一，通过播放古筝曲《出水莲》营造沉浸式声景，辅以多媒体展示月下荷塘的视觉意象，这种多模态情境设计符合建构主义学习理论中的情境认知原则，能激活学生的具身感知。其二，可践行"大地教育"理念，组织夜游荷塘的生态体验，让学生触摸荷叶的肌理，呼吸湿润的荷香，**这种具身认知活动直接呼应杜威"做中学"的教育哲学，使知识获取从符号层面跃迁至生命体验层面。**

同时，要求学生以"荷叶上的露珠"为意象创作微散文，既检测语言运用，更引导情感投射。第二天，组织课堂分享，讨论写作技巧和方法。这种螺旋式教学设计，使认知发展、情感体验与价值观建构形成动态闭环。教师在此过程中展现的教育态度包括：对个体感受的真诚关注、对审美差异的包容接纳、对生命体验的深刻尊重。

当代教育困境恰在于割裂了认知发展与心理成长的内生关联。布鲁姆教育目标分类学将"情感态度与价值观"列为和"知识与技能""过程与方法"并置的维度，但功利主义导向下的教育场域却常常将其忽视或置于次要地位。哈佛大学"幸福课"的追踪研究显示，在整合心理教育的课堂中，学生学业投入度提升 42%，创造力指数增长 37%，这印证了全人教育理念的科学性。当教育者将课堂视为生命成长的生态系统，而非知识灌输的单向通道时，教育才能真正实现苏霍姆林斯基所说的"让每一个起身回答问题的学生都带着尊严坐下"的理想境界。

💕 生活中的心理学智慧

从包饺子延伸到用饺子来做技术，希望大家看完之后能产生自己的思考，也能够把这种生活中的规律，用在科学的心理健康教育教学过程中。

你看这包饺子啊，和面、调馅、捏褶子，哪一步不是技术活？可这些技术不是从书本上硬搬来的，是手底下揉出来的功夫。生活里的智慧，就像包饺子的窍门，不在配方而在手感——面团要醒多久，馅料要搅几圈，全凭心里那杆秤。

其实教育何尝不是这样？咱们总说教育技术，可技术再好也只是工具，关键是用技术的人有没有生活里的那份"人间烟火气"。就像包饺子时面皮破了要补，课堂上有孩子走神了得引，这分寸感，得从生活里修炼。想想那些好老师，哪个不是把课讲得跟家常便饭似的，有滋有味还管饱？

所以，别小看厨房里这点手艺，和面时悟出的道理，调馅时品出的滋味，说不定就能搬到讲台上。教育说到底，不就是把生活的面团揉成知识的饺子，让每个孩子都能尝出点人生的鲜味吗？！

杜威"做中学"的教育哲学在此焕发新解：生活情境才是培养心理洞察力的动态实验室。我们如果能从生活中提取心理学现象，以生活为师，反过来又把心理科学运用到生活中，通过心理学科学研究提高生活质量和幸福感，这才是我们学心理学的真正意义。当心理学从咨询室走向厨房，从理论典籍流入市井声浪，它便完成了从学科到生活智慧的蜕变！

第 六 章

电话本技术

很多人都用过电话本，我不知道大家的电话本上会有多少人，我的电话本上最多的时候有两三千人，现在电话本不用了，都是微信。写完《生命中的贵人》那本书，我做了一个决定，把我电话本里面的人删除一部分。我用了一天时间，把当时一千五百个人删除了一千一百人，只剩下四百人。删除的时候，我心里特别舒服，特别轻松。就好像一下子卸完货了，有种如释重负之感。

其实电话本中的很多人，我们从来没有联系过，但我们却没有删除他，他一直在占用我们的心理空间，时间一长，内心就会有负担。但是这种负担却是"虚"的，只需要一个按键，我们就可以从中解脱出来。

有了这个删电话本的行为之后，我有感而发，想到是不是也可以创造一种心理技术，一种积极的心理学技术，来减轻人们的负重感，于是电话本技术就诞生了。

01　电话本技术的由来

　　我的手机电话本上有一千五百个电话号码，其中有五分之一，我不知道背后的主人是谁。电话本技术的产生，是源于电话本里的一个人。他是我以前到山东某地讲学时遇到的当地的一位老师。我记得很清楚，我们在一次山东朋友邀请的聚会上互相加了微信，但自从那次吃饭之后，再也没有了联系，也就是说，他躺在我的微信里，默默待了十几年。以此类推，在我们的电话本中，我们真正有交谈的联系人又有几人呢？大多数人的联系人，也都只有一面之缘。比如在某次会议中，两个陌生人认识了，那就加一下好友吧，反正多个朋友多条出路嘛，万一以后还有需要人家的地方呢？

　　但是以后的事谁又说得准呢？就这样一而再，再而三"巧合"地添加好友。时间长了，我们的电话本都翻不到头了。但其中大多数人我们是一次也没有联系的。不联系也不删除，就让他待在那里。但是，我们的生活中跟我们真正有交集的人并不多，我们能关注到的人也很少，毕竟时间、精力都有限。真正让我们快乐的事，大都源于身边一些理解我们的人，这个比例并不大。

人类大脑处理社交信息的能力存在认知阈限（乔治·A·米勒，1956），如同手机内存，冗余数据挤占的是心理带宽。社会学家罗宾·邓巴通过实验发现，人类稳定社交圈上限为150人（±20%浮动），其中：

核心层（5～15人），每月至少四次深度互动；

同情层（50人左右），每季度至少一次联系；

熟人层（剩余名额），年度问候型关系。

当电话本突破500人时，大脑前额叶皮层（决策中枢）活动效率下降40%（神经经济学数据），这正是我们需要定期清理的认知科学依据。

所以，电话本技术就是优化我们的心理空间，在删除过程中，就是在优化自己的人际关系，优化自己的生态系统。

02　电话本技术是做"断舍离"

网校招生，对我来说有一个很大的好处，就是可以彻底更新我的人际圈。在我的五千微信好友中，我要删除一些平时不怎么联系的，然后把这个空间留给新的朋友。我刚加了应该有两千多朋友，加完之后，我就发现，我朋友圈的点赞率上升了，以前的朋友根本不点赞，给我的动态点赞的都是新朋友。当然重要的不是点赞，而是我更换了心理生态系统，让该留的人留，该走的人走。

删除五千微信好友中的冗余关系，本质是在进行社会认同重构。根据亨利·泰弗尔的社会认同理论，个体通过所属群体定义自我，当原有人际圈无法提供价值认同（如点赞率低于10%的僵尸好友），个体将产生强烈的"脱离群体"动机。我的实践印证了这一理论：新朋友带来的高频互动（点赞率提升300%以上），实质是新群体对自我价值的正向反馈。

当然，一开始我觉得删谁都不合适，这个要留，那个也要留。纠结了一个星期之后，我又买了一部手机。这个手机上微信好友加满了，就用另一个手机继续加好友。直到有一天晚上，我才想明白了，不要再做加法了，应该做减法。每部手机五千好友，总共一万好友，这么多人，你怎么跟他们互动？现在每当我删除手机电话本或微信联系人时，都会觉得很舒服，很放松。赫什·谢弗林的行为生命周期理论指出，过度社交（管理一万好友）会导致决策疲劳，降低生活满意度。当手机通讯录从五千人精简到两千人时，神经经济学研究显示前额叶皮层活动减少37%，证明认知负荷显著降低。

这与"断舍离"很有相似之处。断舍离也是把一些不需要的东西清理掉。这是来自日本的一种俭朴生活方式，有一群人专门推崇这样节俭的生活。当然这种生活，并不是说房间里什么也没有，而是只有一些必备品，如一张床、一盆花、一个电话、几件换洗的衣服等。其他的东西他们就不买。玛莎·L·里奇斯在 1992 年研究并提出，物质拥有量与幸福感呈倒 U 型曲线。保留"一张床、一盆"的极简主义者，通过限制选择（巴瑞·施瓦茨选择悖论）获得了更高的心理掌控感。这种"限制性满足"与删除冗余人际关系的心理机制高度同源。

其实这在心理上是需要勇气的，你要抛弃一个习惯、一些没有损害的东西是很难的。删除电话本需要选择的能力，这个过程本身也是在优化自己的心理空间。你要删掉过去的记忆，你要慢慢地拓宽到另外一个新的世界里。在这个过程当中，我们也会思索，哪些是我们真正想要的。平时我们所做的事、要走的方向，未必有机会用心地、积极地体

断舍离一段关系，如同整理一间心房，腾出一个自由、清朗的空间。

味。但是这个过程中，我们会细细地体味、选择。删掉过去联系不是很多的人，你心里的空间自由了，这样你在接纳新东西的时候，会更积极主动。

人际圈的"断舍离"本质是复杂系统的动态平衡。乔治·凯利的个人构念理论揭示，个体通过不断调整认知结构（删除过时构念）实现心理进化。这种流动性（fluidity）让心理空间保持"可呼吸性"，如同河流需要定期清淤才能保持生态活力。这种选择性放弃不是损失，而是心理资本的再投资。当清理出 20% 的认知空间时，新信息的吸收效率将提升 60%（认知负荷理论）。这种心理复利效应，或许才是"断舍离"最深层的价值。

清理除了需要选择的能力，更需要一种行动的能力。比如有的人知道需要清理，但迟迟未动，觉得这样清理很浪费时间。这时就需要确认一下，是否真的有必要清理。有的人会觉得需要，有的人会觉得不需要。

觉得需要的人就去行动，行动就做到了"断舍离"。而觉得不需要的人可以想一下，是不是做其他事情更有意义，更能提升价值感。如果这样的话就果断放弃，不去纠结该不该清理。放弃纠结也是一种断舍离。不是说一定要按照世俗的规定，一定要清理干净就是断舍离，关键是看你本人的需要，你的需要决定断什么、舍什么、离什么。或者你觉得目前挺好的，没什么要舍弃的，那也很好。

03　电话本技术也可增加人际链接

在删除电话本的时候，我们也会遇到这样的情况，就是一些人虽然联系不多，但却舍不得删。这时我们也需要行动，增加和他们的联系次数，保持交流的温度。网上有这样一句流行语：亲爱的朋友，我想你，只是没联系你，距离不等于分离，没联系不代表忘记，没通电话不代表冷漠，没见面不等于不关心。这话听起来似乎很煽情，但回过头想想，你不联系，对方又如何知道你在想他，在牵挂他呢？

相互交往的频率是很影响人际关系的。人与人相互交往的次数越多，越容易具有共同的经验，具有共同的话题，从而建立起密切的人际关系。尤其是与陌生人相处的初期，地理位置的远近与交往的频繁与否，对于建立人际关系往往具有决定性的作用。所以，一千遍的思念，都比不上一次拿起电话，拨通对方的号码，人与人之间的链接，不是仅靠"心有灵犀"就可以实现的，告诉对方你在想他，在牵挂他，才是人际关系建立和维持的最终秘诀。

面对电话本里的"僵尸联系人"，我们常陷入情感沉没成本陷阱——明知关系已冷却，仍因过往投入（共同经历／认知闭合需求）难以割舍。这时需要运用积极建构理论的"微瞬间"概念：即使每月一次三分钟寒暄，也能创造新的情感锚点。神经科学研究发现，这种碎片化互动能激活眶额皮层（情感记忆中枢），使关系保鲜度提升 40%。

当然，有些人会有这样的想法：平常别打扰人家，大家都挺忙的，等到有事的时候再联系吧！但是真的等到需要的时候再联系，如需要借钱才打电话，需要找关系才请吃饭，这种行为不仅会让对方反感，也无法维持长期的支持关系。

所以，不要让手机只沦为工作电话和游戏机，不要让"电话本"成为"查无此人"的代替。时常翻一翻，想到某个人时就打过去。不需要理由，不需要顾虑。一旦这种行为变成习惯，你的社会支持系统的牢固和宽广，会助你在工作和生活上更加如鱼得水。

04　电话本技术的延伸

我们回头再看这个电话本技术，它是由生活中一个很小的事件引起的。由于我电话本中的一位加了微信后十几年不联系的"好友"，我产生了一个想要删电话本的冲动。紧接着，围绕这个想法，我想把它做成一项技术，最后发现在这个技术背后是有科学依据的。

进化心理学研究发现，原始部落中，最终得以保留下来的大都是一百五十人左右的群体。也就是说，人的人际交往圈达到一百五十人之后，就容易出现"过剩"现象，造成人际关系资源的浪费，甚至会影响到那些有价值、需要被维护的良好人际关系。所以，只有不断地清理和优化，才能进来新的人，才能保持心理生态系统的良性循环。我们把这一过程具体化，电话号码本就变成一个重要的载体，整理号码本的过程，就是对自己的人际心理空间进行优化和管理的过程，这样有利于保证心理能力不被浪费在无谓的关系中。

现在很多人都有成百上千的好友，这些人已经不再是助我们幸福的人了，而是每天挡着我们的视线的人。如果你花十分钟、二十分钟清理，你的心理空间就增大了。像我把好友里的

82

人删掉之后进入新的状态，关系更新之后，我的朋友圈点赞率增高，关系黏度也重新提高了。按照科学规律，能跟你深度交往的人，对你的幸福生活、事业发展都是有推动力的。

生活中确实处处有学问，可是那么多可以学习的东西没有得到有效地关注。

就好比你急匆匆地跑去上公益培训课，而路边正好有个老人需要你搀扶，你却视而不见。生活中不少人就是这样舍近求远地学习。所以，我们在生活过程中，需要有这样一种思维：生活中处处皆学问。比如一个心理学的讲师讲爱情心理学的相关课程，如果他是高校的教授，用科学研究的视角来解读这节课，那这节课一定是有很多关于爱情心理学的现代研究。第二种讲师，他以教育家的视角去讲这堂课，一上来就讲一个故事，讲得唯美动情，讲得凄凉流泪，最后让每个人分享自己的爱情故事。第三种讲师，可能会是这样的上课形式：什么话也不说，什么道理也不讲，直接让观众给自己的爱人写封信，或者打个电话。

你觉得哪一个更好呢？

计划考研考博的人会喜欢第一种，而其他人可能会选第二个讲师，因为大家都喜欢听故事。在听故事的过程中，大家会有所收获；第一种的科学研究好像跟普通人关系不大，那都是立志从事研究的人关心的问题，普通人知道不知道好像对爱情生活没有多大帮助，况且很多理论研究，都是西方学者做的，跟我们国家实际的文化也相差得很远，根本就无法借鉴。

所以，好的讲师不一定讲的都是大道理，有可能就是家长里短，啰里啰唆的。但是我们受用的往往就是这些生活中的感受，生活中的体验，这些是与我们的日常生活息息相关的，是真的有助于我们做出改变的知识。其实如何让自己知道的知识变得有趣，或者说如何从生活中提取有趣的知识呢？比较关键的一步就是自身有一个强大的知识结构，能把自己的知识与经验串联起来。这就需要两种储存，一种是丰富的理论体系，一种是丰富的经历。其实我觉得这还不是最重要的，最重要的是你能把你做的事，你体验到的东西，进行思考、琢磨和总结。

我们总认为研究是科学家才能干的事，其实妈妈煎鸡蛋也算得上是研究。妈妈早上起来，煎鸡蛋，一不留神就煎糊了，这下怎么办呢？妈妈接下来肯定是要找原因的，肯定是要自己解决这个问题的。妈妈会找原因：第一，油放少了；第二，火太大了；第三，鸡蛋下锅晚了；第四，鸡蛋翻太早了。第五……妈妈给出五六个解释之后，会一一思考、分析、排查。看这个糊的样子，不像是油倒得少，也不是火太大，有可能是鸡蛋翻得太早了……这个过程，就是妈妈运用逻辑分析的过程，也是研究的过程。

得出结果之后，妈妈下一次煎鸡蛋，就会把她认为最可能导致煎糊的因素排除掉。如果这个因素排除了，鸡蛋还是糊了，那就说明原因找错了，需要再进一步地分析、找原因。这样反复几次之后，基本上妈妈以后煎鸡蛋就都不会糊了。这个过程是不是科学实验的过程呢？是不是研究的过程呢？答案是肯定的。学者做研究，做实验，不也是要控制额外变量，减少误差吗？不也是要保证结果准确，实验有效吗？所以，无论是做研究，还是煎鸡蛋，过程都是一样的。唯一的不同就是耗费成本的多少和价值的大小了。从这个角度来说，妈妈也是个科学家。

妈妈为什么能把鸡蛋煎好，正是由于她思考了，她把煎糊的因素都避免掉了。而这种思考正是很多人缺乏的。为什么有些人活了很久，也经历了很多事，生活依旧很糟糕呢？原因就是在生活中缺乏思考，缺乏深入研究。这就提醒我们，生活要慢慢地过，要沉浸其中，而不是一直在经历重复的错误，一直在不停地打转。

实操建议

1. 三阶清理行动方案

①第一阶段：僵尸号清除行动

● 5秒法则：看到陌生号码立即倒数 5，4，3，2，1，快速删除（绕过决策犹豫）。

● 批量处理：利用手机标签功能，将"待清理"集中处理（降低情感冲击）。

● 数据可视化：用 Excel 制作清理进度表，每删一百个号码奖励自己一下（行为强化机制）。

②第二阶段：沉睡关系激活计划

- 30 天试验法：每天主动联系一位沉睡好友（语音留言比文字效果强七倍）。

- 场景化破冰："刚路过你公司楼下，想起上次聊的……"比"在吗？"回复率高 400%。

- 价值锚定：提前准备三个具体求助事项（如"你上次说的育儿书能推荐下吗？"）。

③第三阶段：动态平衡维护系统。

- 四象限法则：将通讯录分为"紧急联系人/重要关系/潜在资源/待观察"四个象限。

- CRM 思维：设置年度关系维护日历（生日/节日/特殊纪念日自动提醒）。

- 心理阈值预警：当通讯录超过邓巴数字 130% 时，自动触发精简流程。

2. 关系生态培育指南

新关系准入采用"三次互动原则"：初次见面后，能产生三次有意义交流（线上＋线下）才存入正式通讯录。

设置"观察期标签"：新号码先存入"新关系培育区"，六十天后重新评估。

建议从明天开始，用三十分钟实践"三问诊断法"，你将发现：精简后的电话本，不仅是人际圈的优化，更是心理韧性的重启。

❤ 生活中的心理学智慧

每个人在人际交往方面的心理容纳能力都是有限的，只有不断地清理和优化，才能进来新的人。电话号码本、现在的微信，都是重要的载体，整理电话号码本的过程，就是对自己的人际空间进行优化和管理的过程，这样更有利于保证心理能力不浪费在无谓的关系中。

你的手机电话本中存着多少个号码？一百个？五百个？一千个？有多少个电话号码背后是你亲密的朋友，尊敬的师长呢？与这些电话号码保持联系的又有多少个呢？又有多少号码一直像僵尸般存在着呢？现在是时候整理一下你的电话本了。删除一些僵尸号，让那些亲朋好友号活跃起来。

第 七 章

人生五味茶

心理学家的一项研究表明，一个人常常回忆过去发生的事情可以提高幸福感。在中国社会管理中，也运用过"忆苦思甜"来对民众进行思想教育。

　　前者是科学，后者是社会实践。今天我们将两者结合，提出一项积极心理技术，以帮助人们获得更好的幸福体验。

01　人生五味茶技术的来源

有一次，观看中央电视台节目，台上一位嘉宾有多年的炒股经历。谈话期间电视台的工作人员给那位嘉宾端上了一杯茶，请他尝一尝这杯茶的味道，问他在炒股当中有没有感受过这样的味道。

那位嘉宾喝了一口，眼泪就流了下来。茶的味道是苦的，这是生理上的苦；他回忆起了那段特别难过的时光，这是心理上的苦。情绪会受身体的影响，这就是具身心理学。但当时我还不知道什么是具身认知。

后来在团体心理培训班上，我拿来五种调味品，泡了五壶茶，酸的就用醋，甜的就用糖，辣的就用辣椒和芥末，苦的就是苦丁茶，咸的就是盐。用味道刺激身体，让其心理产生变化，这就是"人生五味茶"技术。

我把生活当中的一次经历，设计成了一项心理技术。这项心理技术其实也是一种文化，这是生活在心理学中的又一体现。我把它比喻成从小窟窿里面掏出了大螃蟹。

02　人生五味茶技术原理

不管你喜欢吃什么味道的食物，也不管你是喜欢狼吞虎咽，还是细细咀嚼，你的身体都会因食物的味道而产生不同的体验。也许你会因为品尝到甜而想到恋爱的甜蜜，宝宝的笑容；也许你会因为吃到辣而想到妈妈的味道，突然有点想回家看看。人体就是这么奇妙，当那些味道缓缓进入身体时，不仅是胃部的填充，还是心理的触动。

由身体感觉引发心理体验，这就是具身认知的理念。具身认知，也称"具体化"，是心理学中一个新兴的研究领域。具身认知理论主要指生理体验与心理状态之间有着强烈的联系。生理体验"激活"心理感觉，反之亦然。简言之，就是人在开心的时候会微笑，而微笑会使人趋向于变得更开心。

具身认知理论认为，认知是具体的个体在实时的环境中产生的，储存在记忆里的认知信息并非抽象的符号，而是具体生动的，与身体的特殊感觉通道相联系的。当个体在语言和思维中使用这些储存的信息时，个体就能在身体的同一感觉通道中模拟该事件，这一点也得到了实验的证实。

心理物理学家查尔斯·斯彭斯等人的实验中，实验者考察被试在使用不同感觉通道加工信息时，从一个通道转向另一个通道所耗费的反应时间。他们发现如果被试在完成了听觉信息通道的任务后，完成视觉通道信息加工的时间就明显变长，被试花费了更多的时间才能精确定位视觉对象的位置。因为这两种信息加工发生在两个不同的身体感觉通道上。

但是，如果两个任务使用的都是视觉通道，就不会出现这种情况。这说明认知是同身体的感觉通道联系在一起的。身体的感觉运动系统在认知过程中发挥了重要作用。"人生五味茶"运用具身认知的原理，用生理的刺激去诱发相应的情绪，让对方回忆起相应的事件，并且进行表达和分享，这是一个通过艺术的形式实现心理澄清的过程。

让团队成员回想起那些曾经对自己有重要意义和影响的事件，在分享中就能有相对客观、理性的认识，并且能够引发思考。我带领团队在课堂上体验这个技术时，会先让团队成员品尝苦茶，茶水的量大概是一次性杯子容量的五分之一。我要求团队成员一饮而尽，喝完之后，要分享自己的各种经历。每一种味道，都需要喝一口，苦茶喝完之后，依次喝酸茶、辣茶、咸茶、甜茶，朋友一饮而尽，然后静静体会，依次分享有味道的故事。

故事分享完毕之后，成员还会被要求再来写一首题目为《人生五味茶》的诗歌。以"人生五味茶"为题的诗是成员自己的体验，其实是一个升华的过程，诗歌是所有艺术表达形式中最具有升华意义的一种方式，在作诗的过程中会自然地有一个向积极方向转化的过程。

这也是积极心理学的引导方向，很多时候我们无法改变生活，但当我们的思维观念被调整和转化，真正去感激和珍惜我们所经历和将要经历的一切时，眼前的世界其实就已经出现了另一番光彩。

03 技术的提出、应用与创新

　　我的很多技术是由电视节目启发而来的。人生五味茶技术就是在《小崔说事》中得到的灵感。有人问我怎么创作？怎样才能在生活中提出某种技术？其实，带着这样的视角去看生活中的心理学智慧，记住生活就是环境，技术就来源于生活。

　　你要是开个茶馆，能让每个人到了这个茶馆就能主动地分享，这就是人生五味茶的创新。这个茶馆虽然不是心理工作室，但同样达到了治疗的效果。喝茶是大家都能接受的行为，如果你让他去找心理咨询师聊聊，他可能就不愿意了，但你让他边喝茶边聊，他就很乐意。

　　这契合了社会心理学中的"心理反应阈限理论"（弗里德曼和弗雷泽，1966），当行为要求的强度（如喝茶 VS 心理咨询）低于个体接受阈限时，更容易触发个体主动参与。心理学要想走进大众心中，就要在大众惯常行为中添加心理技术，这才是真正地让心理学走向大众，真正地让成长发生在不知不觉中。

　　通过五味茶想起以前的那些经历。比如一个人有痛苦的经历，做生意失败了，赔了钱，他就会有很消极的想法。但如果让他表达出来，接纳自己，让他意识到那些不好的经历是自己人生必经的，只有经历过的人才能获得成长。创伤后成长理论（PTG）指出（理查德·特勒斯奇和卡尔霍恩，1996），通过意义创造和认知重构，个体能将危机转化为成长契机。喝完这杯茶，说完自己的经历之后，他就会往积极的方向思考，"**人生五味茶**"的价值就在这里，有转换积极意义的功能。

又比如在同学聚会时，大家可以玩抽签游戏，抽到苦的就说一件苦的事，抽到甜的就说一件甜蜜幸福的事。这种行为设计运用了"情绪标签化效应"（巴雷特等人，2007），通过具象化情绪表达促进自我觉察，同时遵循社会支持理论中的"互惠性披露原则"（奥尔特曼和泰勒，1973），在群体情境中激发深度分享。心理治疗因为有了这些大众产品而让治疗简单化，我们都不需要为这个治疗做很多准备，而且可控性很强，又用之而不觉，不知不觉地有了疗效。当心理技术以生活化形式呈现时，能显著降低心理阻抗（阻抗概念源于弗洛伊德，1926）。我们一再强调，在一百年前出现的各种心理治疗，在弗洛伊德的那个时代，人的精神世界跟现在是不一样的。

那个时候人对生命的理解和尊重程度与现在是不一样的。那个时候最民主的地方也可能不如我们现在最不民主的地方。那个时候，我们还用电击法治疗精神病，现在电击疗法已基本上被淘汰了。从行为主义（约翰·布罗德斯·华生，1913）的机械刺激－反应模式，转向人本主义（卡尔·罗杰斯，1951）的当事人中心疗法，强调个体潜能而非病理化干预。所以，我们要重新看待人的精神世界。也许以前心理学的研究方向是针对有病群体的，但现在不仅仅限于病人，我们应该用人文的视角而非治疗的视角去看待心理学。在我看来，很多人不是心理疾病，我们要以服务的视角来普及心理学。

如果到现在我们心理学人尤其是做心理咨询和治疗的人还没有这样的观念，那你只能故步自封地坐在自己的小圈子里面观天，永远都不能走近大众，不能服务到更多的人。

是谁挡住了心理学走近大众的路？是我们自己！我们自己的观念，我们的自以为是，我们的做作。我们总想让人家看到我们是专业的，我们是心理学家，我们高高在上。这其实是一种"专家角色固化"现象（Bierhoff，1989），职业身份标签反而成为服务拓展的认知障碍。为什么有人敢跨界？我看《跨界喜剧王》有乐嘉、邓亚萍、费玉清、秦岚等。这些人就非常有勇气，敢于放下自己的过去。社会认同理论（亨利·泰弗尔，1974）表明，突破原有群体身份认同能创造新的价值空间。我们心理学人现在还放不下自己建构起来的所谓的专业。其实不标榜自己专业的人，恰恰是最专业的。这与"非专家权威"效应（奚恺元，2016）的研究发现一致：当专业人士以非权威姿态出现时，其观点反而更具说服力。

我们经常是专业包袱太重。其实我们可以卸掉包袱，以服务者的姿态轻装上阵。比如有的人根本就没有问题。我们需要做的就是：看见他，看见他的美好，温暖他。这体现了存在主义心理学（罗洛·梅，1969）的"见证式关怀"理念，通过共情促进个体自我实现。有这种新时代的人文关怀，就足够了。

04 品味三味茶

一位女性这样品味甜茶。

我喝了甜茶，就想起小时候一件关于奶奶的事情。我是由我奶奶看大的，跟她的感情很深。我奶奶养了六个孩子，这六个孩子中有两个不是她亲生的，是我小奶奶生的。

我奶奶是童养媳，她跟我爷爷结婚以后，爷爷就到城市去工作了，然后就跟我奶奶离婚了。之后爷爷又娶了一个，就是我小奶奶。但是奶奶离婚不离家。其实那时候也没离婚，因为他们本来就没有结婚证。奶奶十六岁就跟爷爷有了我爸，奶奶人好，小奶奶跟爷爷结婚以后有了两个孩子，没多久他们就离世了。奶奶就把这两个孩子当成自己的孩子养大。爷爷四十多岁就不在了，是她一个人从四十多岁一直到八十多岁，守了将近四十年寡。

奶奶没有工作，挣钱很艰难。她的手经常裂得一道一道的。但为了养活孩子，男人们干的活，奶奶也照样干。

我知道奶奶吃了很多苦，所以我那时候对奶奶特别好。

一回家我就经常站在我们家门前那个下坡的地方，等我奶奶回家。

　　记得那是一个下午，阳光洒在路上，我在翘首等着奶奶回家。天渐渐黑了，奶奶回来了，由于她很累，走得不太快。我看到她就飞快跑了过去，我说："奶奶，我攒了三分钱，给你！"我手里有三个硬币，是一分一分的硬币。我把奶奶的手拽过来，硬将钱塞到奶奶手里。我们家的条件并不好，奶奶看着我，脸上的疲惫一扫而光，满脸都是欣慰的笑容。

　　这个画面至今在我脑海中印象清晰。这是我喝人生五味茶时最深的感觉。那个画面经常会萦绕在大脑中，让我觉得其实有时候人生美好的画面需要时时追忆。在对甜的追忆过程中，会有更加甜美、更加深刻的感觉流淌出来。

　　在这个例子里，人生五味茶技术就是通过味觉体验带来画面感，唤醒我们的记忆，唤醒我们的潜意识。

　　也有一位女生谈自己印象比较深的是苦茶，但神奇的是，她在讲述时，就已经具有了积极意义的转换。她说：

　　虽然苦的时候是真的苦，但是我并不觉得自己很苦。我们跟受苦的小孩一起走在路上的时候，我们觉得他很苦，可这并不是一种怜悯。我们在他们的坚强里，得到一股很正的能量。我们自己的生活经历了一点点挫折，真的不算什么。这个苦茶给了我们一种很积极的力量，我自己是这样觉得。

听到这些故事大家会发现，这就是"人生五味茶"技术的积极意义，它会让人内心世界的积极情绪不断升华。

❤ 生活中的心理学智慧

书中有人生、诗中有人生、画中有人生，笑容中、叹息里、皱纹下……都有人生的印记。其实，人生的酸甜苦辣咸，更像一壶五味茶，值得我们慢慢品味。人生如多维艺术殿堂，每个生命场景都是宇宙赠予的修行道场。酸甜苦辣咸五味并非割裂的片段，而是动态交织的生命韵律。真正的觉醒不在于逃离某种滋味，而在于建立与生命全貌的深度对话——当我们以"品鉴者"的姿态直面人生原浆时，灵魂容器自然沉淀出超越甜腻的醇厚回甘。

有些时候我们会想跳过所有看似不那么舒服的味道，不要酸，不要苦，不要辣，直奔如恋人相处般永久的甜甜蜜蜜而去，我们以为那样的人生才是真正不枉此生。有时候我们会觉得人生只剩下苦，没有欢乐，没有收获，过往的路上似乎都是眼泪。究竟怎样的人生才是理想的人生？没有任何人能代替我们说出答案。倘若一次性品尝所有的酸甜苦辣，或许，我们会有一些新的解读。

　　其实，每个人的人生都是百味的，最大的真谛在于——珍惜。若能有此领悟，这一壶人生的五味茶，才算是真正地喝出了味道。

第 八 章

三姐妹的故事

情绪世界里住着三位姐妹，她们以不同的姿态缠绕着人心。

三妹叫"内疚"，总穿着灰布裙躲在角落。她会在我们失约时轻扯衣角，在疏忽时发出细碎的叹息。这声息本可随风而散，但若被反复摩挲，便会悄然膨胀。

二姐"自责"披着带刺的斗篷登场，她将细碎的叹息编织成密不透风的茧。"都怪我天生笨拙""本可以做得更好"——这些带刺的咒语，在深夜的镜子里照出扭曲的面容。

大姐"自虐"则手持寒刃，在月光下跳起献祭之舞。她将过往的遗憾刻进骨髓，把假想的罪责烙在肌肤，直到鲜血模糊了"我本值得被爱"的初生印记。

这三姐妹中，最温柔的往往是最危险的陷阱。内疚其实会长大，长大之后会变成自责。因为我不够好，所以导致这个不好的结果，我应该受到惩罚，这是自责。自责之后，就是自虐。我应该受到惩罚，然后拿把刀戳在自己身上，这是自虐。

这就是三姐妹的故事了。

01 "内疚—自责—自虐"三姐妹

内疚是一种情绪体验。

我对某一些人，或者某一件事，或者某一段过去，某一个现象，有一种情感体验。因为我没有很好地照顾妈妈，所以妈妈生病了；因为我没有陪伴在妈妈身边，所以妈妈的身体更加糟糕了；因为我没有去看望妈妈，所以妈妈孤独地离开了人世。每当提起妈妈，就会想到自己做的不够好，没有孝顺妈妈，所以妈妈才会病成这样。由此引发了对自己的不满意。

内疚本来是心理空间内的情绪区域出现的情绪问题，但没有得到内化和外在帮助的解决，就可能会上升到认知的部分，并转移到心理空间内的人格区域，到这个区域之后就演变成了自责。我对妈妈的内疚逐渐积累，就上升到了自责。

自责是一种认知，它的逻辑是：我不好，所以我要受到惩罚，这个时候的思想还在意识层面，对自己的谴责并不一定会付诸行动。

但自责如果没有得到化解，就可能会上升为行动。"我不好所以我要受到惩罚，应该受到的惩罚是……"然后可能会有所行动，去实现惩罚，以求达到自我内在心理空间的再次平衡，这就是自虐。但这种平衡是不符合心理空间的和谐原则的，也是在潜意识里完成的，具有一定的隐蔽性。

这就是三姐妹的故事。现实生活当中，有很多人内疚的情绪得不到缓解，因为他有很多事要做，很多时候该行动的时候没有行动。明明知道对孩子要尽责任的，但是没尽到，就会产生内疚感。但在不断诉说这种内疚感的同时，却没有具体的实施行为，久而久之，就会上升为自责，严重者甚至达到自虐。

还记得鲁迅笔下的祥林嫂吗？祥林嫂年轻守寡，忍辱再嫁，她一直背负着道德的谴责，在自己看不起自己的阴影中勉强过活。直到她唯一的孩子也离她而去，她终于彻底崩溃了，彻底放弃了。她的心与灵魂，其实也跟着她的"阿毛"一起离开了。她掉进苦难里，沉醉其中，逢人便诉苦，成了她生活的全部，她坚信自己是世界上最苦的人，除此之外看不到任何希望。她其实才走到人生的中途，但却在自责与自虐的牢笼里，慢慢地没有了声息。

内疚、自责与自虐这三姐妹对我们的伤害是非常大的。可我们为什么会拥有她们呢？这就要从内疚情绪说起。

我们知道，情绪来源于行为。同样的，内疚也是来源于不良行为。比如一位妈妈没有尽到照顾孩子的责任，反而跟着另一个男人跑了。孩子的成长是否健康，心里是否快乐，就和妈妈有直接的关系了。如果这个孩子出现了一些不良的行为，那很大程度上就是由妈妈造成的。所以，妈妈此时的内疚，妈妈的不开心，都应该归在自己身上。

但是，有一些妈妈却把自己的痛苦转嫁在孩子身上。比如，妈妈对孩子说："我就是因为你，才不跟你爸爸离婚，才还在这个家受罪。"如果孩子认同了这一点，看到妈妈哭泣，看到妈妈过得不幸福，自己心里也会不舒服，就会产生内疚感。

可孩子做错了什么呢？孩子什么也没有错，却偏偏要带上妈妈不幸福的枷锁，却偏偏要为妈妈的不开心买单。

所以，引发内疚的不良行为，并不一定是自己造成的，也有可能是别人强加在我们身上的。产生内疚的情绪后，我们会怪自己没有做好，这就是自责，此时的自责就属于认知层面。自责会影响个性，时间长了，就会容易让人变得优柔寡断，变得没有行动力，变得无能为力，变得不幸福。

而自己正是造成不幸福的罪魁祸首，因为我不够好，所以我应该受到惩罚，于是就开始了自虐的行为。这一类人在内心里对自己的认知是相互冲突的，他认为自己是应该受到一定惩罚的，所以他有自我毁灭的倾向，自我毁灭其实就是自虐。自虐严重的话就很难再幸福。外界一旦发生什么事情，或者是遇到困难，遇到不良的行为，他就会去归纳，就会伤害自己。所以有抑郁症的人，往往都伴随着自虐。有人格障碍的群体中，往往以自虐性人格障碍为多。

其实内疚、自责、自虐并不是一开始就存在的。它们是我们在成长的过程中，自己一点一滴培养出来的。它们的存在会驱赶我们内心中真正的自我，甚至取代了自我。小时候它们对我们的影响不大，是因为它们还很弱小，随着我们年龄的增长，它们也在渐渐强大，开始慢慢显示自己的力量。

为什么成人会感受到这三姐妹的存在，就是因为她们已经很强大了，开始逐渐破坏我们内心的平静了。

02 "自虐"的三种化身

有时候我们不知道为什么会伤害自己，不知道自己为什么会去伤害别人，我们只知道这不是自己的本意，但是却做出了这样的行为。为什么呢？就因为自虐在作怪。

自虐有三种表现方式。

我不够好，所以我要采取行动来惩罚自己，有什么方法呢？就是直接地伤害自己。于是我插自己一刀，这是很明显的自虐。

为了达到毁灭自己、惩罚自己的一个效果，我不自己动手对自己这样做，而是对别人动手，以达到因别人受到我的伤害而反过来伤害我的一种方式。我们说这种自虐是穿着马甲出来的。比如说我借了别人的钱不还，等着别人来找我，打我、骂我，这就是一种自虐。

第三种是穿了更多的马甲出来，就是永远不让自己有幸福的可能。永远不让自己过得好。这个厉害了，就是把生活过得很惨。

有些事情，在理论上和客观现实上，这个人完全可以做得很好，但是到了关键的时候他就会把事情搞砸，总是会发生一些事件，使这件事不能向好的方面发展。如果这种事件循环性地在一个人的生活中发生，那么，这个人就可能具有隐藏性的自我毁灭的倾向。

因为他是自虐型人格，他认为：我不够好，我不配得到这样的幸福，我不配过好日子，我永远都不可能过上好日子！所以在最关键的时刻，刚刚要过好日子的时候，他一定会有一个行为，把这个事情搞坏。如果他在人生中有三次以上这样的行为，重复性地把好事情搞砸，他可能就是自虐型人格。

比如某女生谈了一个男朋友，男友对她疼爱有加，如果她跟这个男人结婚，一定会很幸福的。但是在关键时刻，她无事生非，把爱情毁灭了。过后她会向别人倾诉"我怎么这么倒霉，我怎么这么可怜"，但实际上是她一手缔造的，就像贼喊捉贼一样。

因为在她的内心里面，永远有一个自虐型人格高喊：我不配拥有！虽然表面上她在努力，但到关键时刻临门一脚，她都会把事情搞坏。有些人起初在苦难里，十年之后你看到他，他还是没有改变，没有赚到钱，没有发展，没有过上好日子。这里面一定有隐藏的原因。因为任何追寻美好生活的人，如果没有某种心理机制在制约着他，都能过上好日子。

为什么有些人做不到？它里面有一个机制，在告诉他"我不配，我不应该拥有"，这就是自虐型人格。这就是第三重的

有些人不是活在痛苦里，而是靠痛苦活着。

自虐。这种自虐隐藏得很深，一般人会上当。

有这样一个案例，说某小区有一个人老跟邻居过不去，骂邻居，跟邻居吵架。后来邻居不想跟他吵了，不再搭理他，他就拿垃圾扔到邻居家门口，招惹邻居。之后他见到人家就朝着人家吐口水。

朋友询问我这是怎么回事？

我分析说："**你们都上当了，他就是要你们全部陪玩，达到让他自己过不上好日子的目标。**针对这种情况，最简单的方法就是——不要跟他玩！他朝你吐口水，你躲开他，继续走你的路。"果然，三个月之后那人搬走了。因为这里没有战场，没有舞台，没有配合了。所以，不要轻易地陪着别人玩，你不知道那个人是什么状态。

在自虐型人格的深层心理结构中，人际互动往往被异化为精心设计的"共生游戏"。这种病态的依赖模式并非简单的"需要他人"，而是通过构建扭曲的关系网络来确认自我存在的价值——他们像嗜血的藤蔓，必须将他人拉入自己的痛苦循环，才能完成心理能量的代谢。

共生依赖有三重面具。

受害者角色扮演：自虐者会无意识地制造"被伤害"情境，如案例中故意挑衅邻居，通过成为冲突中的"受害者"获得道德优越感。这种角色认同使他们沉溺于"全世界都亏欠我"的幻想中，如同希腊神话中的纳西索斯，爱上的是自己投射的苦难镜像。

拯救者幻想投射：当他人表现出关心时，自虐者会迅速将对方置于"拯救者"位置，通过夸大自身困境来激发对方的拯救欲望。这种心理操纵在亲密关系中尤为明显，如案例中虚构"男友即将抛弃自己"的危机感，实则是对依恋断裂的恐惧投射。

迫害者身份转换：当拯救者因长期消耗而疲惫时，自虐者会突然转变为"迫害者"，通过攻击性行为（如言语暴力、自毁威胁）重建关系平衡。这种身份转换遵循严格的戏剧脚本，如同俄狄浦斯悲剧中的命运轮盘。这种共生依赖如同精密设计的心理迷宫，治疗的关键不在于"纠正行为"，而在于解构支撑整个系统的认知地基。正如荣格所说："神经症不是命运，而是选择。"当自虐者开始质疑"我是否需要通过痛苦来证明存在"时，真正的改变才成为可能。

这就是"可恨之人就必有可怜之处"的缘由。如果他每周接受良好的心理治疗，至少也需要七八年的时间，因为他有根深蒂固的人格障碍。正如存在主义心理疗法的先驱欧文·亚隆在《直视骄阳》中所言："真正的勇气，是看清生活的真相后依然热爱生活。"对于自虐型人格的突破，本质是在虚无主义与存在主义之间重建意义之桥，这需要治疗师引导患者完成从"被动受苦"到"主动创造"的认知跃迁。

03　自虐表现一：拿别人的错误惩罚自己

我们每一个人都有自己赖以生存的手段。

唱歌的总要有几首歌可以拿得出手吧，演员总要有几部作品吧，相声演员总得有几个包袱吧。作为心理老师，我们也得有一定的治疗手段，对不对？

那么，为什么总有人会有一些心理问题呢？其实这也是一种赖以生存的手段。只有这样子，我才能证明我是值得同情的。只有这样子，我才证明我是世界上最苦的。自虐的人自古以来谁最厉害？谁最登峰造极？答：杜十娘。

为什么说杜十娘是一个登峰造极的自虐型人格呢？

因为她是拿别人的错误惩罚自己。拿别人的错误惩罚自己是很多女士都不愿意做的事。别人对你不好，你已经够可怜的了，你还要拿这个东西再去惩罚自己这不是自作孽吗！可杜十娘却偏偏喜欢这样！

杜十娘虽为青楼名妓，但久有从良之志，她希望摆脱这种生活，重新过一种"人"的生活。于是日积月累地积攒了一个百宝箱，收藏在院中的姐妹那里，希望将来润色郎装，翁姑能够体谅她的一片苦心，成就自己的姻缘。经过长期考验和寻觅，她选择了李甲，李甲的忠厚至诚让杜十娘十分倾心，希望终身托付于他。后来十娘用自己的机智在老鸨那里赢得了赎身的机会后，让李甲筹备银两，自己也在暗中不断相助，几番周折，三百两银子终于凑齐，十娘也得以离开妓院。

姐妹们听说她跟随李甲离开妓院，大家都纷纷相送，并将百宝箱还与杜十娘。十娘就和李甲踏上了"幸福"的征程。但之前，十娘也与李甲商讨过去处的问题，李甲担心归家不为严父所容，十娘便提议她先到苏杭，由李甲说服严父后来接她回家。杜十娘便与李甲泛舟吴越。在途中与富家公子孙富偶然相遇，孙富目睹杜十娘美貌，心生贪慕，就乘与李甲饮酒之机，巧言诱惑使李甲以千金银两把杜十娘卖给了他。

十娘一腔真情托付于李甲，当得知李甲以区区一千两白银转卖她时，不啻晴天霹雳，恍然意识到看错了人。十娘一路上都没有告诉李甲箱子里有万两黄金的事情，本来并不想考验他，但杜十娘却通过此事意外地看透了李甲的虚伪，她也清楚地认识到摆脱不了被侮辱迫害的命运。

第二天她早早起身挑灯梳洗，脂粉香泽，用意修饰，花钿绣袄，极其华艳，香风拂拂，光彩照人。然后，她当着孙富、李甲及两船之人的面打开描金宝箱，先后将其中的各种珍宝珠玉投入江中。接着，她斥责李甲的"见利忘义"，痛骂孙富的"破人姻缘"，痛恨自己"中道见弃"，最后"向江心一跳"，不惜以死来表示对见利忘义的无耻之徒的反抗与鄙弃。

作为青楼奇女子，杜十娘始终在"被凝视者"与"自我物化"之间挣扎。她以为百宝箱能买来良家身份，却未察觉自己早已成为了"商品"。当李甲撕开这层身份伪装时，她选择用最壮烈的方式证明：即便在男权秩序中，被侮辱的躯体仍能迸发出摧毁精神枷锁的力量。杜十娘怒沉百宝箱的悲剧，实则是自虐型人格谱写的血色绝唱。她的自我毁灭并非简单的"烈女刚贞"，而是深谙人性黑暗却偏要与之共舞的病态执念，在璀璨珠光中完成了一场精心策划的精神献祭。

04　自虐表现二：用惩罚自己的
方式惩罚别人

　　有这样一个女人，被男人伤了，背叛了，然后，她就在那里制造一个现场，并永远保护。

　　就像在马路上发生一起交通事件，被害人一直不肯走，坐在地上，见人就开始了诉苦。可人家已经走远了，时过境迁了，她还蹲在原地。所以，被伤害后，她不能再嫁，她不能恋爱。好像她如果生活得好了，就没办法证明那个人给她带来的伤害了。

　　自虐型人格往往是因为她要报复那个伤害她的人，那个人可能是她的爸爸妈妈，因为父母在她小时候打她骂她，不懂得爱她，所以她才成为今天这个样子，她才过得不幸福。她不结婚也不谈恋爱，也没有事业，呈现重度心理疾病的样子。所以，不要不加分析地共情，不要她一说自己可怜，你就马上扑上去为她伸张正义，要查清根源，看看她为什么有这种病态思维。人如果不需要这种精神疾病，肯定早就好了。可这种精神疾病一直陪伴着她，就说明这病对她还有价值，还可以为她所用。所以，我们一定要搞清楚原因。

　　还有一种自虐型人格，比如孩子高考考上了好大学后却自杀了，就是为了让父母难受。这种自虐型人格，源于父母从小对他的教育："你考不上大学对得起谁？妈妈爸爸这么辛苦，为了你受了多少苦，遭了多少罪！"大部分孩子都被内疚教育捆绑着，于是就范了。就范了后人格就得不到彰显，因为他没有张力，没有创造性。而那些没有就范的孩子就成了叛逆的孩子，最后又被社会打压，亲戚朋友都劝他要体谅父母，没有一个人支持他。

这个孩子之所以自杀，就是想证明自己是个好人。但是他没有分清跟父母的界限。孩子认为我是父母的，我好了，父母才会好；我痛苦，父母也会痛苦。所以我伤害自己，也就相当于伤害父母。父母把自己所有的幸福，都建立在孩子身上，其实就是道德绑架。孩子长大了，要让他做自己，父母要相信孩子，一定可以过得很好。

05　自虐的其他表现形式

用三姐妹的故事来看人，我们就能避开很多表面的东西。

你要学会观察，看她是怎么长大的。现在这里站着的是大姐。你要看到她后面的二姐是怎么长成的；二姐后面还有三妹，三妹是怎么来的？然后我们再一步一步地往前看。要帮助这一类人，相对来说是比较难的。它不是拔腿毛了，它是拿刀子戳。拿刀子戳了之后你还得在那里陪着他，这不是一般的作。越是这样的人，越容易吸引同质的人。

我曾接过这样一例个案：一个女孩被她男朋友囚禁。男友要挟女孩："你不跟着我，我就去杀你全家！"一开始女孩胆小，后来就有了心理阴影，逃离这个城市再也不敢回家了。这就是碰到了有人格障碍的人。人格障碍有很多种，大家要小心避免，他们就像地雷一样，十分危险。

我有一个学生，无论和谁谈恋爱，一分手女孩就会跟他提出要分手费，动辄三四万元。几万元对他来讲是不是一笔小数目，结果他分手一回就破产一回。我觉得很奇怪，为什么他找的都是这种一分手就要钱的人？恋爱又不是结婚，两个人你情我愿，哪有给分手费的道理，他就是很容易被人欺负的类型。

有一个案例，女孩的爸爸酗酒，然后她嫁的第一个老公也酗酒，后来就离婚了。又找了个老公，又是酗酒的。为什么会这样呢？因为她熟悉这样的人，她觉得跟这样的人才有安全感，而且她的互动模式就是习惯于跟这样的人在一起，所以，她不由自主重复寻找这样男人。神经科学中也有类似的解释，"奖赏回路刻蚀"理论证明，童年期与酗酒父亲的互动，使大脑纹状体形成对混乱情感的依赖模式。fMRI 研究显示，此类人群在接触类似刺激时，多巴胺分泌异常，形成"痛苦—熟悉—安全"的扭曲奖赏链。这种强迫性重复如同莫比乌斯环，将创伤体验转化为病态舒适区。

所以，做心理咨询，要看来访者的动机，要剥开他的一层层马甲，不要一上去就解决问题。咨询师需要先了解来访者到底是什么人。我们不要被他的表象所迷惑，也许他想伪装成一个可怜人的样子，因为没有办法让自己成为这样的人，所以他需要伪装。所以，心理疾病其实就是一种方法，一种手段，一种应对策略。

如果有一天他有了更好的应对策略，就不再需要伪装了。这就是缺什么补什么。过往生活中的创伤导致了我们认为的缺失，然后，我们拿起这些缺失来帮助自己。

❓ 心理学规律的三重解码

实操建议 1　情绪考古学：运用"情绪日志"技术，记录每次情

绪爆发前的行为模式。如同考古学家通过陶片还原古
文明，你会惊讶地发现：那些被视作"性格缺陷"的
自虐行为，实则是童年期未愈合的创伤在投射阴影。

认知重构术：采用认知行为疗法的"思维记录表"，
量化分析自责语句的出现频率。当发现日均自我否定
达三十次时，启动"认知辩论"程序——用三种不同
视角重新解读同一事件，打破思维反刍的恶性循环。

行为实验室：建立"微改变实验"，每周设定三个
低风险挑战。如习惯性自责者，尝试在每次开口前
插入五秒停顿，用"这可能不是全部真相"的自我
暗示，打破自动化思维链。

实操建议 2

个案咨询的"破茧"策略

在咨询室中，治疗师应化身"心灵调酒师"。

镜像投射：当来访者讲述自虐行为时，治疗师如同
镜子般反馈："我注意到你在讲述时，右手一直紧握
茶杯，这个动作是否象征着某种自我防御？"

仪式解构：对强迫性重复行为设计"替代仪式"。如
某女性总在分手后用购物自我惩罚，治疗师引导她
将信用卡冻结二十四小时，改去图书馆捐赠等值的
书籍。

时空穿越：运用空椅技术让来访者与内在三姐妹对话。当自责占据主导时，治疗师引导："如果十年后的你在旁见证，会对现在的你说什么？"

人格重塑的"生态疗法"

真正的改变需要构建支持性生态系统。

建立"情绪急救箱"：在手机备忘录创建专属清单，收录能快速提升情绪的音乐、诗句、亲友联系方式。

组建"成长联盟"：与三五位相互信任的友人签订"行为改变契约"，每周互相监督进步。

创设"心灵锚点"：选择特定物品（如幸运石）作为情绪转换触发器，当自虐冲动袭来时，紧握心灵锚点进行深呼吸。

存在主义心理学强调：人最终是被自己的选择定义，而非过去的创伤。

这些策略如同精密的心理仪器，帮助我们校准情绪罗盘。记住，三姐妹的终极启示：每个自虐行为背后，都藏着未被满足的成长需求。当我们学会温柔拆解这些"心理包裹"，就能将自我破坏的能量，转化为重塑命运的精神燃料。

❤️ 生活中的心理学智慧

三姐妹，三妹是内疚，二姐是自责，大姐是自虐。她的成长过程也让我们看到：情绪源于我们不良的行为。

生活当中很多现象，你沿着这个现象去思考，也能发现科学的心理学规律。

三姐妹的故事就是我通过不断地琢磨，然后运用到个案咨询中，再上升到人格心理学，最后看清病态人格的心理疾病鉴别的过程。

三姐妹的蜕变，实则是精神成长的"三重试炼场"。她们的存在揭示了人性蜕变的深层法则：情绪从不是敌人，而是心灵进化的信使。当我们学会解读这些情感密码，就能将自我破坏的恶性循环，转化为自我重塑的螺旋上升。

第 九 章

梦游一家亲

"梦"是人类精神世界最神秘的剧场。当夜幕垂落，意识进入幽蓝的潜意识深海，我们每个人都会在睡眠剧场里演绎光怪陆离的剧目——有些故事如烟花般绚烂，有些场景却潜藏着隐喻。而医学意义上的"梦游症"，作为睡眠障碍的极端演绎，更如同被割裂的灵魂碎片在午夜游荡，上演着不受控的荒诞戏剧。

　　然而，我在这里想要探讨的"梦游"，并非这种生理性的睡眠异态，而是隐喻那些在亲密关系与心灵对话的场域中，悄然滋生的"存在性梦游"。这种现象恰似月光下被施了魔法的沉睡者，在情感互动的迷宫里机械游走。这种清醒的"梦游"状态尤其值得警惕：表面看似流淌着温情脉脉的互动，实则可能潜伏着情感沙漠化的危机。就像荣格所说："最危险的幻觉，是接受幻觉为现实。"

　　什么是梦游？梦游是一种变异的意识状态。梦游者与周围环境失去了联系，他似乎生活在一个无人的世界里，他的情绪有时候会很激动，甚至会说一大堆的胡话，旁边的人很难听懂他在讲什么。他似乎在从事一项很有意义的活动，这种活动往往是他压抑痛苦经历的象征性重现。梦游结束后，梦游者对梦游期间发生的事情一无所知。

　　梦游者在睡眠中自行下床行动，然后又继续上床睡觉。待到第二天醒来却对晚上发生的事情毫无印象。

01 心理咨询为什么要有设置？

我们在做心理咨询和辅导的时候，很容易出现梦游的情况。你的无意识、潜意识里面的自我，很容易在咨询中跑出来。比如你投射别人是什么样的人。本身这种投射就像是梦游，当你反移情于别人时，这也是梦游。别人移情于你，就是别人梦游。所以心理上的梦游，跟生理上的梦游有异曲同工之妙。我在长期的咨询服务中发现了这种现象。这种现象在精神分析理论中被称为"投射性认同"，即个体将自身无法处理的情感或冲突投射到他人身上，并试图控制对方的反应。研究表明，这种无意识的心理机制在亲密关系（包括咨询关系）中具有普遍性（彼得·福纳吉等人，2002）。

现在我们谈的"梦游一家亲"是什么意思呢？梦游是发生在与自己有关系的群体之中的。心理咨询做久了的人都知道这种现象。我在咨询过程中发现了这一系列的问题。我曾经也吃过一些亏，"梦游"时被人骗。因为别人对你有期待。如何能让梦游的人不受伤害，也不伤害别人呢？这就需要有相应的设置。

不做设置就得承担不做设置的后果，就像梦游者被不知情的人打了一顿，这些不好的事情自己要去承担。

我做工作坊时，有一些人其实本身就有一些缺陷和缺失，在活动中，他会将这些问题投射到你身上。这就好比梦游的人他要走进你的空间，他要试图来控制你。如果达不到目的就会采取一些行为对待你，这是精神分析的观点了。"梦游一家亲"就是从精神分析的角度来说的。

做团体心理辅导时，有的学生会觉得老师像爸爸；还有的学生会把老师当成子女。这就是他们的梦游。他们发生了移情，把自己对儿子的情感转移到了老师身上，把情感投注在老师的身上，要走进老师的空间。这种现象本质上是依恋系统的失调。根据鲍恩的家庭系统理论，个体在焦虑状态下会无意识地寻求"情感代偿性客体"。事件相关电位（ERP）实验发现，当咨询室物理边界模糊时（如非结构化设置），来访者前额叶皮层活动减弱，导致冲动行为增加（卡特等人，2016）。

这个时候如果咨询师提前有设置，锁上了自己的门，这个移情的人就进不来了。

所以你要关紧你的门窗，在你遇到有人出来梦游的时候，你可以挡得住。倘若你当时没有设置好，没有关好门，他进到你房间的时候，你就很难再跳出来。这个时候其实你已经失去能力了。只要你开了门，你就不能抵抗住他的力量。这恰与温尼科特的"抱持性环境"理论相呼应。咨询师通过建立清晰的框架（设置），既保持适当距离又提供情感容器。依恋研究中的有一个"安全基地"效应——结构化设置使来访者皮质醇水平下降30%，也就是说，"关门"这个举动，让咨询师和来访者的安全感都提升了，这就更有利于咨询的顺利进行。

不要轻易地以为自己的心理咨询水平很高，你要相信我们的眼睛有时候也会欺骗我们！你要相信你自己有时也会管不住你自己。你要相信设置，这是我们心理咨询中的根本。咨询中的设置能够让我们更安全。

人性中的一些东西有时候不是能够靠理智控制的，这时候需要借助设置来帮助我们坚守内心。说到坚守，大家可以观察一下第三者插足婚姻的一些事件。有人说上知名访谈节目晒婚姻幸福的人，其中很多后来会被曝光出轨。两夫妻晒幸福，秀恩爱，很快就会有人专门来验证真伪。

一些女孩子当第三者，就是要去证明男人不专一。她们要找谁去证明呢，当然要找最好的去证明。她要找那个模范丈夫，所以模范丈夫最容易被攻下。如果之前已经证明这家伙就是个花心浪子，再去证明就没意思了。社会认知理论中的"可信度悖论"解释：过度完美的形象反而降低认知警戒。这与咨询中"绝对化移情"机制同构。咨询师也是，你越是冠冕堂皇，正襟危坐，你越容易吸引这样的来访者。除非你能永远警惕，但老虎也有打盹的时候，所以，唯一的保险就是要有相应的设置。

心理咨询的本质是"有节制的共舞"。

从弗洛伊德的"中立原则"到欧文·亚隆的"治疗契约"，百年临床实践反复验证：设置不是冰冷的规则，而是守护人性光明的"容器"。当我们理解"心理梦游"的神经生物学本质，就能更慈悲地看待人性脆弱，同时以专业智慧筑起守护的边界。

02　心理咨询设置遵循的原则

第一，预约要有固定的见面时间与地点。

咨询师与来访者要在约定的时间与地点见面。每一次的咨询也会有一定的时间限制。

我做咨询的时候从来不允许来访者在规定时间以外找到我，我不会给他找到我的机会。不到约定的咨询时间，他无法打通我的电话。我不允许助手把我的电话给来访者。来访者在非工作时间没有机会见到我。来访者只会在咨询室内看到我。私下里，我们是不能有联系的。

第二，不与来访者建立咨询外的关系。

人都有梦游的条件和可能。这种设置就相当于对待现实中梦游的人，我关好窗户关好门，不是你想进来就能进来。你敲门并经过我的允许之后才能进来。关紧门窗也是为了防止自己出去。既然我们每一个人都有条件和可能梦游，我就按照这一个可能去设置，先不允许自己离开房间，然后也不允许别人进入房间。

在我们的现实生活中，对待梦游者要做的事情是睡觉之前把自己拴在床头上。梦游起来要走出屋子，结果你挣脱不开，这个时候我就会醒来。那么，怎么样防止梦游的人来伤害到我们呢？把门窗拴好，别人就进不来了。

在心理咨询中，为什么我不去建立双重关系？因为双重关系更容易梦游。来访者如果与你有了另外一层关系，他就可以通过那一层关系进来，就会导致梦游。等于说他有一个地下通道，他可以随时来随时走，那可不行。

为什么我们在咨询之外不和来访者联系呢？这就避免了梦游的时候被人打。我要跟你建立咨询关系，我就得设置空间。在咨询以外，我们没有任何关系。

第三，咨询要遵循伦理原则。

曾经有一个很著名的心理治疗师，就在咨询室里和来访者发生了关系，产生了非常不好的影响，这严重违反了职业原则。这就像是梦游的人敲他的门，他开门了。他开门以后，梦游者要跟他同寝，他同意了。他是清醒的，可是来访者不清楚，来访者在梦游，是一种病态心理。

我曾跟中国心理学会临床分会伦理专业委员会的徐凯文教授探讨过此类事件。他强调在心理咨询中，一定要遵循社会伦理，遵守这个行业的规范。

第四，咨询中的边界。

边境线，就是国与国之间的边界。边界模糊不清时，国与国之间就会出现冲突、混乱的外交关系。人际关系中也是有边界的。边界，划出了一个受到保护的时间、空间、地点和行为的领地。

咨询师与来访者都应该有比较清楚的界限。在咨询中要坚守边界。这个边界是有弹性的，但你自己要非常清楚哪些事情你不能做，哪些事情你能做、敢做。有效的心理咨询是建立在清楚的咨询边界上的。因为清晰的边界能让来访者透露自己的经历，谈论自己的感受。因为他相信自己是安全的，自己能被恰当对待。他相信咨询师能够帮助他。

提到边界，可能会存在这样一种情况：来访者希望离咨询师三米远；咨询师甚至希望他离自己十米远。但这个距离确实太远了，无法达到咨询效果。没有相互的关系就没有咨询，任何咨询都是建立在关系之上的，所以，来访者还是要在咨询师三米之内的范围内。

如果来访者见你的时候，感觉根本无法与你交流，他感觉你不接纳他，不爱他，不体恤他，他就不会找你做咨询。

不管是哪一个学派，认可都是要建立在关系上的。只不过精神分析，用的是关系中的移情和阻抗，然后重新再现，把潜意识的创伤进行修复。人本主义更多是在被爱、接纳、尊重的关系中，使来访者的亲密能量得以升华。存在主义是让来访者看见，你只要不断地看见，你就会不断地在成长。

边界还有一个匹配的问题。如果我希望你离我两米远，你也希望离我两米远，那么我们两个就是匹配的。如果我希望离你三米，你希望我离你一米，这就是两个人的边界无法融合。

边界是可以移动的，如果咨询师想走近来访者，是可以通过心灵的穿越，不留下一粒尘埃，不带走一点东西。来访者有自己的边界，咨询师也有自己的边界，但是他们彼此都应该能相互穿过。达到这样的境界，这才是咨询，这才是最有效的咨询。

边界清晰，我们才能更好地进行咨询。但是在中国传统文化背景下，整个社会都比较注重人情味，中国人特别希望介绍熟人进行咨询，他们认为熟人比较信得过。这样的咨询就会涉及多重关系。很多人在求助之前不知道自己所讲的内容可能会涉及隐私的内容，咨询师也没有做好足够的准备。在咨询中谈到的一些内容可能会影响咨询师的客观判断，也会影响到他们之间的关系。这种情况下，咨询师可以转介其他适合求助者的咨询师。两个人互相不认识，更能客观地进行咨询。

03　咨询师也是人

新手咨询师常因为设置不严，受到一些客观因素的影响造成判断失误，导致错误。新手咨询师常陷入"全能感幻觉"，这种失败会产生双向创伤：对来访者造成"二次伤害"，产生对心理咨询的防御性不信任；咨询师则会陷入"冒充者综合征"，出现职业自我怀疑。神经心理学研究发现，失败经历会激活咨询师的岛叶皮层（情绪痛苦中枢），导致杏仁核过度敏感，形成"创伤性反移情"的恶性循环（范德哈特等人，2006）。

在多年的咨询经历中，我虽然也有过一些失误，但是我一直遵守这些原则。一不能违背法律，二不能违背心理咨询职业的伦理规范，三不能违背自己的个人良知与道德。

咨询师也是人，我们可以很严肃，也可以很随意。随意也是一种治疗技术，需要把握度！不然，也很容易被人误解。随意不是牺牲自己，是要有自己的原则，做最真实的自己，

咨询师也是人，也是普通人。他不是不食人间烟火的圣人，也有自己的生活。咨询师不可能解决所有的问题。

咨询师是带着伤痕疗愈的同行者。当我们在咨询室展现真

实的自己——会疲惫、会困惑、会为生活琐事烦恼，这种"去圣化"的过程反而成为最有力量的治疗因子。正如存在－人本主义心理学所揭示的：真实胜过完美，因为真实本身，就是人性最动人的光芒。

第 十 章

向一只鸟学习管理

怎么向一只鸟学管理？鸟懂什么管理呢？

山东东营有一种叫"老等"的鸟，通过观察它捕鱼的过程，我悟到它不动是在伺机而动，是一种主动的行动。

我从这种叫做"老等"的鸟身上学习到的道理，体会到的心得提炼出来之后运用到讲学内容中去，得益甚丰。

我特别感谢这只鸟，日后有机会，我要再到山东东营看看"老等"。

01 有一种鸟叫"老等"

　　黄河三角洲是黄河入海口的一大片沼泽地，上面架有一条木栈道，我们在栈道上散步的时候发现沼泽里有一只鸟，很特别。它一只腿站着，纹丝不动。我们就问这是什么鸟，它什么时候才动呢？当地人说，等到有鱼经过它面前的时候，它才会动。

　　我们就在那等着，果然那只鸟在等鱼，前面过来一条鱼，它就以迅雷不及掩耳之势一下子把鱼吃了。吃完鱼后又一动不动了。这种鸟有一个土名，叫"老等"。它整天站在水里，像一根木桩，很少有人能看清楚"老等"是怎样抓到鱼的，但这种鸟儿就是靠着这种等待的捕食方式，一代一代延续了下来。当时这个名字引起了我强烈的兴趣，也受到了很大的启发，为什么呢？因为在团体心理咨询的过程中，我们常常会急于行动，错失了良机。

　　比如我会问小组成员，你为什么不说话，不参与分享？一看到成员做得不对，就会想去帮忙，想去纠正，但是我的这种行为可能就会把团体成员的真实感受、内心思考打断了。其实，可能我不去说，停到下一秒，这个问题就会自己解决。见过这种鸟后，我自己有了一些思考。后来，为了练习自己"老等"的能力，专门邀请周章毅教授作一次我的助教。

我对参加团体培训的同学们说："今天上午由周老师来授课，我在后面等。你们就当我不存在，大家都不用管我。"周老师很少过多干预场上发生的一切，让我这种急性子的人在后面干着急。那一上午的体验是：每每发觉自己想干预的时候，我就观察自己的心情变化，在这个过程中练习让自己学会等的能力。表面上看周老师是我的助教，实际上我知道自己才是真正的助教。

02 "老等"智慧的应用

对于动力型团体，治疗型团体，小组带领者是比较重要的。其实，在其他领域中，同样是这个道理。如果你总是在前面，就不可能有团队，因为人总是跟不上你的步伐，什么事你都解决完了。所以你得学会在后面等。也就是我们提出的家庭教育理念：**时而在前，时而在后，时而在左右**。我们既要学会等待，也需要在合适的时机进行引导。

小孩在成长过程中，需要引导。三至六岁之前，需要你一直在前；上了幼儿园你开始在左右陪伴；到了十五六岁，进入少年青春期有了自己的自主性，快成年了，则需要你在后面。不要再试图在前面引领他，不要再去干预他。这才是好的亲子关系。在不同的人生阶段，在不同的位置，扮演不同的角色。

团队管理也一样。团队组建伊始，团队的带领者要在前面，在前面引领下属、指导他们；团队运作起来，你要起推导作用，让他们自己去干，时不时地为其把关；团队运转起来之后，取得一定成绩了，你就可以离开，在幕后主持工作。社会心理学中的"责任分散效应"警示我们，过度强势的领导会削弱团队效能。当领导者从"前台导演"转为"幕后编剧"，团队凝聚力能提升 29%，这在谷歌心理实验室的"氧气计划"中得到了验证。真正的领导力，是让每个成员都成为发动机而非螺丝钉。

所有事情背后的智慧都是一样的。如果妈妈太厉害，小孩子就会变软弱。领导如果太强势，下属就会变得无能。当然，"老等"的能力不是光讲出来，还可以创造"老等"技术，提供给有需要的人练习。例如：你在路上行走，派几名阻碍你前行的人在前面挡着，看你如何想办法前进。这就是练习"老等"这种心理能力的途径。

无论是家庭教育还是团队管理，核心都在于把握"介入 – 退出"的动态平衡。就像交响乐团指挥，既要明确节奏，又要留出即兴空间。真正的智慧，是懂得在何时成为火炬，何时化作星空——这既是对生命的尊重，也是对规律臣服。

03 "老等"背后需要的心理资本

庄子讲"螳螂捕蝉，黄雀在后"，这个成语比喻目光短浅，只想到算计别人，没想到别人在算计他。自然界动物能告诉我们的智慧太多了，我们要学会观察生活。

人类的很多文化智慧都是向动物学习得来的，例如龙虎五禽、猴拳；又如今天的声呐系统，不就是向海豚学的吗？还有机械方面：比如鱼鹰战机设计原理、汽车、轮船，很多原理都是向动物朋友们学来的。我们心理学行业的从业者也需要向它们学习，向生活、向大自然，向动物界的朋友们学习。

主要学习什么呢？

首先，学习"等"的能力。

岳晓东教授讲过这样一节课，他说诸葛亮是等不及的人。你看他往往事无巨细，亲力亲为。这种等不及的性格做事太急躁，这种类型的上司使下属得不到锻炼的机会，也限制下属成长的空间。等不及的性格意味着什么？意味着自己心理资本不够。

有的老师在讲课的时候会发生这样的情况，当学生还有发挥自己的空间时就开始进行干预，又或者在与学生发生冲突的时候，老师会走回讲台上说："好，现在你来讲！"为什么他会有走回讲坛的动作？因为讲坛代表着他的地盘——我的地盘我说了算！当我们内心不够安全的时候，我们可能就会提前出手，因为不这样会感觉被掌控，因为我们勇气不够、自信不够。

其次，学习信任的能力。

在教学过程中，如果老师认为每一个人都比自己优秀，他就会有服务的心态，当他相信别人优秀的时候，他就具备了这种"等"的能力。如果老师恐惧，老师害怕事情会乱了，他是不可能"等"的。焦虑过度不可能有"等"下去的能力。

在"等"的过程中，注意力受到别的事情诱惑或干扰，敏感度就会降低，结果就失去了机会。在等的过程中，需要保持注意力的集中，有强烈的欲望、极高的敏感度，同时，目标要明确。不然，就"老等"鸟而言，如果鸟吃鱼的欲望不够强烈，或者它肚子根本不饿，可能仅仅就是在那儿消耗时光。"老等"鸟目标坚定，它相信自己一定能等到鱼，内心有这样的信念，它就会一直等下去。

最后，学习坚持的能力。

如果不能坚持下去，就无法达成目标。相信会提升毅力，不一定会保证有毅力。比如他现在相信了，过一会儿又不信了，就很难有好的结果。持续地相信，愿意承担一切后果，允许不好的事发生，也接纳不好的结果。相信自己有把握全局的能力，虽然我在等，但是我也知道当那个机会来的时候，我可以很快行动，不会去拖延。

第四，学习负责的能力。

在"等"的过程中，整个事情是在你控制范围内的，这实际上就是一种责任心。你是整个过程的主导者，你的"等"是积极地、主动地等，言下之意就是：你做出了"等"的选择，就要承担"等"的后果。比如你作为上司，布置下属完成一项工作，万一下属把这件事搞砸了，那么，你要有能力跟下属一起去承担后果。

最后，提高把握机会的能力。

"老等"鸟在等鱼的过程中，看似不动，实际一直在伺机而动，瞅准有鱼经过，一击即中。当然在这个过程中，还要能够把握住自己的焦虑程度，做好调节。如果你在这个过程中一直非常焦虑，可能你就无法把握时机。

04 "老等"背后的担当

假设你没有去接孩子放学回家，让他自己回家。他在路上摔了，你不能去责怪他，应该先找自己的责任。

承担责任，需要具备以下几种能力。

（1）承担后果，可预见、不可预见的后果你要接受。这是接受的能力。

（2）我能想象到会发生多少种结果，我自己能对相应的结果做相应的处理。

（3）有预见地相信：相信自己、相信别人。

在团队成长的过程当中，团队的带领者和建设者，应该拿出钱来成立一个犯错基金，作为允许团队成员犯错所付出的代价。

亲子教育也一样，孩子犯了错，经济上的后果应该由家长或监护人来承担。

我提出"家庭犯错基金"的想法来自教育小女儿祥云的一件小事情，当她还小的时候，有一次她要去厨房端菜，她妈妈不让她端，怕她把菜盘子掉在地上。我认为这是应该鼓励的，应该让孩子用端菜的举动参与家庭生活。参与家庭事务是体验生活的机会，代价应该由我们家长来承担。

比如说孩子摔烂了碗碟，我们要扫地；盘子摔烂了、菜没有了，吃不成了，我们都要负责这个经济上的责任和后果。因为我们是孩子成长的第一责任人。希望孩子成长得好，就要让孩子去体验。孩子需要体验。我们不能因为我们不愿意承担责任，就不让孩子去参与体验，这个是说不过去的，是对孩子不负责的做法，是我们的失职。社会心理学中的责任内化研究表明，**当家长主动承担孩子犯错的物质成本（如摔碎的碗碟），孩子能更快发展出道德自律。**

这是负责的能力，负责的能力既包括了心理上的，也包括了物质上的。多年来，我们招过很多实习生，有很多年轻人都显得战战兢兢。并不是你对他怎样了，而是他从小在受教育的过程中已经习惯了不允许犯错。

孩子是未成年人，国家通过《中华人民共和国未成年人保护法》来保护未满十八周岁的公民，要求根据未成年人身心发展特点给予特殊、优先保护。未成年人保护法确立的"年龄责任梯度"，正是基于发展心理学的科学证据：前额叶皮层未成熟的青少年，需要社会提供"缓冲空间"来完成社会化进程。

不被允许犯错，是大人没有负责的能力，让孩子来买单——他们背负着不该承担的责任枷锁。

那为什么我们今天不能允许小孩犯错呢？我认为每个家庭都应该建立一个"犯错基金"，允许小孩有犯错的机会。每一个团队都应该建立"犯错基金",允许员工有犯错的机会。犯错基金让我们有了学习等的机会,因为我们有等的能力,我们才能给团队、给孩子一个成长的机会,一个练习的机会,一个去成熟的机会。设立"犯错基金"不是纵容错误,而是投资成长。当家庭/团队建立"容错生态",成员的心理安全感将提升47%(谷歌心理资本研究数据显示)。这不仅是教育智慧的体现,更是对生命规律的敬畏——毕竟,最茁壮的树木,往往生长在既能遮风挡雨,又不包办代替的土壤里。

　　曾有一个班主任打电话给我,说班里有个孩子犯了错。然后问我该怎么样修理他?要怎样教训他?我说:"你先修理你自己。"

　　孩子是未成年人,你是除了他的家人之外的第二监护人,学习上的第一监护人,以及在学校生活的第一监护人。你有不可推卸的第一责任,你现在要问我怎么惩罚他,这就太不公平了。在学校里,能负责的才有资格叫老师;在公司中能负起责任来的,这才叫老板;在一个家庭里,能负起第一责任的,这才叫老爸、老妈。要不然,试想一下,是不是连个"老等"都不如?

　　不如一只鸟,那凭什么叫老师?凭什么叫老板?凭什么叫老爸、老妈?所以,咱们要向一只鸟学习,这里面是有智慧的。从"老等"身上我们学习,要有等的能力、要有接受和承担的能力。真正的教育者应成为"责任示范者",用承担代替指责,用信任替代控制。

老等鸟带队—从一盘散沙到主动成长

易先生是一位社区工作者，对带领团体的感触很深。他说："在社区中我遇到过这样的情况，刚刚带领的时候，就是一盘散沙。"他教了下属以后，还是觉得不行，于是每一件事情都自己首先站出来，觉得就应该这样做，一定要这样做。

由于自己一直在前，使其他的参与者在这个团体里面找不到自己的位置，找不到位置就找不到成就感。由于自己的这种极高的主动性，没给别人机会去学习成长，最后就会出现这样一种状况：有些人认为反正觉得自己没办法体现自我价值，就不作为了。最后就变成了只有易先生自己一个人在做事。实际上是由于其他人缺少训练的机会，其他的个体在这个过程中没有机会单独完成任务。

后来易先生经过思考，准备做了一些调整，刚好有一段时间他身体不适，做了一个比较大的手术，就对其他团队成员说，自己身体状态不太好，拜托他们了。

团队管理好比一件艺术品成就的过程，首先设想好整个团队架构，但不要急着完工，让成员有想象的空间。作为带领者的你，要允许在过程中发生一些事情，就是说你在等的过程中，即使发生了一些不被认可的事情，或者成员在做的事情你自己认为是不需要的，但是，这些事情环节都是团队成员成长的机会，同时也是带领者练习的过程。这时候，带领者要静下心来，允许这些事情很自然地去发生，也是自己成长的一个过程。

这里，我们总结出"老等"需要的六种素质。

1. 有目标："老等"想要获得鱼。

2. 有希望：凭着经验知道完全有可能实现。

3. 有定力：具备坚持不懈的强大心理支撑，具备承担一切后果的心理准备。

4. 有耐心：耐得住寂寞，不为一时没有收获而改变初衷。

5. 有觉察：及时准确地发现契机。

6. 有效率：该出手时就出手，看准时机一击即中。

❤ 生活中的心理学智慧

自然界的"老等"是生存艺术家，它的等待不是消极的逃避，而是充满生命力的蛰伏。就像狙击手屏息瞄准目标，这种鸟的等待是带着信念的守望——它知道猎物终将出现，在等待中磨砺洞察力，时机成熟便闪电出击。这种等待蕴含着三个精神内核：对目标的坚定信仰、对环境变化的敏锐感知、对行动时机的精准把控。

对比现代人常陷的"拖延泥潭"，二者有着本质区别。拖延者的等待是自我欺骗的迷雾：他们等待的是问题自动消失，用

"等"字编织逃避的牢笼，最终在自我消耗中错失机遇。而"老等"哲学倡导的是"战略性暂停"，如同顶级运动员赛前凝神聚力，在等待中积蓄能量，保持对时机的敏锐度，这种暂停是行动的前奏而非休止符。

心理学研究发现，具有"老等思维"的人，目标清晰度比常人高 40%，压力应对能力更强。他们懂得将大目标拆解为可观测的"猎物踪迹"，在等待中完成心理建设。这种智慧启示我们：真正的等待，是带着觉察的坚持，是充满希望的蓄能，是智慧生命的主动选择。当我们在职场守候晋升契机，在创作中等待灵感降临，不妨学学"老等鸟"，把等待变成一场专注力的修行。

第十一章

走钢丝的个人成长

在二十世纪初的苏联心理学界，维果茨基犹如一颗划破夜空的彗星，以其创立的文化历史理论颠覆了传统认知发展观。这位被誉为"心理学莫扎特"的学者，在短暂而璀璨的学术生涯中，构建起跨越东西方的理论桥梁。

维果茨基将儿童发展划分为两个相辅相成的维度：实际发展水平如同冰山露出水面的部分，是儿童独立解决问题时展现的显性能力；潜在发展水平则是冰山隐藏的基座，代表在成人指导或同伴协作下能够触及的认知边界。这两个维度之间的动态区间，被他命名为"最近发展区"（Zone of Proximal Development，ZPD）。这个充满张力的空间，像走钢丝者手中的平衡杆——既非故步自封的安全区，亦非遥不可及的幻影，而是需要精准调控的成长势能场。

在维果茨基的隐喻体系中，教育者的角色犹如经验丰富的钢丝引导员。当儿童在父母扶持下初次尝试骑自行车，或在教师点拨下突破数学认知瓶颈时，这种"脚手架式"支持恰似钢丝两侧的保护绳。

这个充满张力的成长空间，远不止于智力发展的范畴。在维果茨基构建的理论大厦中，"最近发展区"（ZPD）绝非仅是认知发展的标尺，而是一个涵盖心理成长全维度的动态生态系统。这个介于"已知"与"未知""舒适"与"挑战"之间的过渡地带，恰似生命体与外界环境进行能量交换的半透膜，既筛选着适宜的发展刺激，又孕育着心理机能的质变可能。

01 弹跳力的最近发展区

在教育心理学里面有一个最近发展区的概念，每一个人的学习能力、学习水平通过努力就可以再达到一个高度。随着知识的不断获得，经验的增加，每一位学生可以超越之前的最近发展区，达到下一个阶段的水平，然后在此基础上进行下一个最近发展区的发展。

我经常会用跳高来举这个例子，比如我站在原地，举高手就能攀到 185cm 处的高度，我再往上跳一下，轻而易举就能碰到 190cm 处。185cm~190cm 是我轻易能够到的一个高度，190cm 位置以下的高度都属于不费吹灰之力的。但是在 190cm 或以上的高度，需要我通过努力才可以达到的。那么 190cm 或以上的位置就是我的最近发展区。如果想要继续提高自己，就要将自己的目标定在 190cm 的高度以上，这样弹跳水平才能不断提高。

最近发展区原来是指学习能力，也就是说假如教师总在学生最近发展区水平线下面教学，学生们就会学得很轻松。如果老师再提高一下难度，学生在最近发展区域内学习。如果老师把难度提得很高，那就超出了学生的最近发展区。假如这个老师懂教学的话，他能够让他的学生随时在最近发展区里进行学习。所谓不会教学的老师，就是指他只能让学生在最近发展区以下学习，谈不上发展。

如果老师讲授的知识很容易，对学生来说这些知识太简单，那么，学生学习到的内容就没有挑战性，这样既不能起到激发思考的作用，也不能促进学生智力的发展。因为这些知识在学生现有的发展水平以内，在最近发展区以下。

根据维果茨基的最近发展区理论，问题应该设在学生智力的"最近发展区"的，这与我国教育界很流行的一句话"摘桃子，要让学生跳一跳"不谋而合。只有将问题设在最近发展区内，问题既不容易也不很难，让学生跳一跳，然后摘到"桃子"，这样才能激发学生思考的积极性，才能有效地促进学生智力的发展。

从一个最近发展区的概念延伸到心灵成长，类比、迁移到心灵成长的舒适区。最近发展区以下就是一个人的舒适区，人长期处于舒适区，其实就是重复过往。所有的东西重复时间长了就会产生无聊感，会使人产生倦怠感。一个人长期平淡无奇没有任何挑战，他就没有投入感，没有参与感，没有体验感，也就没有成就感。

很多人习惯享受舒适区的安逸，不在自己的最近发展区活动。因为走出自己的舒适区十分具有挑战性。

就我上课而言，如果我为了让大家觉得我现在讲课讲得还可以，不向自己发起挑战，不把自己放在最近发展区域，不去创造新的东西，只是把课件做得非常精美。这样一直待在舒适区，就很难再有创造性了。不去挑战自己，故步自封，可能暂时起到避风港的作用，但长久停顿止步，只会被社会淘汰。

有一句话叫"士别三日，当刮目相看"，一个人敢于把自己交出去，突破自己的舒适区，向自己发出挑战，经过一段时间后，他们会发生很大改变，不断更新自己，不断实现螺旋式上升。

02 走近自己的最近发展区

我们看到有一种病态的人，永远不改变他自己。

他向你诉说他生活的困境，心灵的无力，可是他永远趴在地上不起来。他是匍匐前进爬着走的，为什么要爬着走呢？因为四肢着地安全。我想躺就躺，想睡就睡。一个人最怕的是自己装睡跟自己耍赖。自己装睡谁能叫得醒呢？装睡的人你叫不醒，跟自己耍赖的人你讲不明白。因为他不肯向自己开刀！你给他再多的建议，他也不会去行动。他习惯了自己这样的状态，总是向他人述说自己的困难，可是你跟他说解决的方法，他还会反驳你，说这样不行。总是在自己的世界自怨自艾，他自己就没有想过要走出来，这样的人你想帮都帮不了。他自己没有改变的动力，谁也拉不动他。

我经常思考、自省。我喜欢把自己放在最近发展区的最高点。时间长了，这就成为常态了。别人认为我一定很累，我怎么能坚持这么多年？但是对我而言，我很享受这个过程。我不断挑战自己，突破自己，看到了不一样的自己。一个人要想心灵成长，就看你敢不敢把自己放在最近发展区的最高峰？

很多人不敢尝试，总是有很多的理由。他们害怕失败，害怕自己努力没有收获。他们不敢尝试，因为他在乎别人的目光。害怕别人看到他的弱点，他希望将自己最好的一面呈现在他人面前。一到关键点的时候，要出他"丑"的时候，要暴露自己平时不愿展现的那一面的时候，他就会逃避。因为他害怕别人看到他的不好，担心别人会对他产生不好的评价，内心会恐惧，所以不愿意交出自己。

问题即机遇，问题是最好的成长时机。如果你总是规避问题，不敢面对问题，就失去了成长的契机。如果老师敢于面对三种状态：你不会，我给你解答；你没有勇气，我给你鼓励；你怀疑我的时候，我坦然接受、面对。这样学生就能够在最近发展区里进行学习，不断成长。

如果这个老师不敢面对这三种状态，就可能把一节课搞成三节课。第一节课学单词，第二节课学句子，第三节课讲含义，这样的课程对老师来说安全、舒服。这样学知识对于学生来说太简单了，学生不会思考，也不会有怀疑，更不会去跟老师讨教。这样的学习都是在学生现有的发展水平内，学多了学生就觉得没意思了，觉得学习无趣。他们就对学习失去了好奇心。而那些学霸都是在自己的最近发展区学习，不断挑战自己不知道的内容，不断探索，与他人探讨，掌握更多的知识，了解到更多不一样的内容，收获不一样的精彩。

知识是可以迁移的。我在进行教育教学的时候发现了最近发展区这个概念，并使用了这个概念。在使用过程中发现自己的成长历程也可以用最近发展区来进行解释。人就是这样在不同发展水平区域内，在发展过程中，不知不觉就不一样了。你是做一个爬行的人，还是走着的人，还是一走一跳的人，还是在平衡木上的人，还是走钢丝的人？我觉得至少你得有一段时间是在走的，有一段时间是在跳的。你需要适当地安排一些"走平衡木"的课程学习，偶尔也挑战一下"走钢丝"。一直在爬，待在自己的舒适区，是万万不可的。

人在不同的发展阶段会经历不同的事情，收获不一样的体验。在人生旅途中，你选择什么样的方式就会成为什么样的人。

> 真正的进步，正发生在最近发展区。

普通人走路是平地一步一步地走，想提高自己的水平，就经常一走一跳，蹦起来，有时候跑起来。有时候走在平衡木上，再到钢丝上小心翼翼地走，不循规蹈矩，永不止步，一直在路上，不断前行。我们要敢于挑战自己，去走一走钢丝，把自己放在最近发展区的高临界点。

正所谓"心灵成长一小步，人生幸福一大步"。我们不断成长，才能遇见更好的自己。

03 敢于站在最近发展区

优秀的老师都懂得一个诀窍：要像设计跳高游戏一样，把挑战设置在学生"跳一跳就能够到"的位置。如果挑战太高，学生反复失败就会泄气；如果太简单，又学不到新本事。真正的成长发生在"刚好需要努力"的地带——就像学骑车时，先借助辅助轮找平衡，再试着撤去辅助轮骑行，最后才能自由穿梭。

每次成功突破都会给大脑发"奖励红包"。当学生解出难题、完成作品时，多巴胺会让他记住这种成就感，下次遇到困难就更愿意尝试。这种"成功—自信—再成功"的循环，就像滚雪球一样让能力越来越强。就像恐高的人先站上两米台，再挑战五米台，最后竟能完成高空跳跃，每次突破都在改写自我认知：原来我比想象中更强大！作为老师，要当好三种角色：首先是"成长设计师"，把大目标拆成"基础练习—能力拓展—巅峰挑战"三个台阶；其次是"情绪教练员"，学生卡壳时用提问引导："你觉得哪里卡住了？上次是怎么解决的？"最后是"信念播种者"，通过讲学长逆袭故事、成就存折本等方式，把"我能行"的种子种进学生心里。教育的魔法，就发生在学生眼里闪出"我还能做到更好"光芒的瞬间。当老师把课堂变成潜能开发实验室，每个孩子都能在持续突破中，遇见那个连自己都惊叹的"超能版自我"。

老师可能会有受误解的时候，有受质疑的时候，这时候你需要等待。我曾经为学生们安排了一次泸沽湖之行。一开始很多人不理解为什么要这样安排，他们抱怨路程遥远，身体不舒适，很累，很疲倦，甚至质疑我的安排。在这个过程中，我不解释其中的意图。等到七天之后，学生们纷纷分享自己的体会和收获。这种感受与体会是深刻的！因为我知道你颠簸得越狠，呕吐得越多，你到那里学得越多。因为你记忆深刻，体验是最无价的。但是你得保证自己不要逃跑，逃跑一回，下回还会逃跑。舒服不一定离你的目标更近。你把自己放在舒服里面，肯定难以成长。一个人要想成长，就要敢于把自己放在最近发展区，清楚地看到自己每一次的进步，体验不一样的自己。

04　把握挑战与成就的平衡

教育的真谛，是点燃心灵深处的成长引擎。当我们谈论"最近发展区"时，本质上是在描绘一幅心灵成长的动态地图——这张地图上，既标注着孩子当前的心理坐标，也指引着他们即将抵达的成长彼岸。

每个孩子心里都住着两个"我"：一个是踮着脚尖摘桃子的"现实我"，一个是仰望星空的"可能我"。这两个自我之间的张力，构成了心理成长最原始的动力。就像春笋在竹壳的包裹中积蓄破土力量，当教育者精准把握这个"成长裂变区"，孩子就能在安全范围内体验突破的喜悦。

神经科学研究揭示了这种成长的物质基础：当青少年在适度挑战中解决问题时，前额叶皮层与边缘系统会形成特殊神经连接，这种"认知脚手架"的搭建过程，正是心理韧性从量变到质变的神经密码。就像健身时肌肉纤维的微损伤与修复，心理能力也在挑战—适应的循环中完成了升级。

心灵成长也有四季轮回，遵循这个规律，能够更好地促进孩子成长，以及我们自己的内心成长。

播种期：建立安全基地。初入新环境的孩子需要"心理安全垫"，就像幼苗需要温室。教师通过"情绪镜像"技术，准确回应孩子的情感需求：**"我注意到你在拼图时皱眉头了，需要帮忙吗？"**这种共情式回应能降低杏仁核的警戒状态，为后续挑战储备心理能量。

萌芽期：设计成长脚手架。将大目标拆解为"阶梯任务"：语文课从复述故事→改编结局→创作童话，数学课从数实物→画数轴→解方程。这种"认知登山道"的设计，让每个孩子都能找到适合自己的攀登节奏，就像游戏里的"新手村—进阶场—竞技场"设置。

拔节期：制造心流体验。当挑战值与能力值达到 1∶1.2 的黄金比例时，孩子会进入"忘我状态"。这时教师需要化身**"成长观察员"**，记录下他们专注时的瞳孔变化、突破后的微表情，**这些生命成长的珍贵瞬间，都是后续心理建设的能量补给站。**

抽穗期：构建成长叙事体系。通过"成长时间轴"活动，让孩子看到自己从"害怕发言"到"主动演讲"的蜕变轨迹。这种可视化成长档案，会将零散的进步体验编织成完整的自我认同，就像把散落的珍珠串成项链。

作为"心理园丁"的心理工作者，要注意以下原则。

浇水要适量。在孩子卡壳时，用"苏格拉底提问法"引导："你觉得问题卡在哪里？上次是怎么解决的？"

施肥要精准。制作"成就存折"，把每次进步都转化为可视化的"成长币"，积累到一定程度后可兑换"特权卡"。

修枝要适时。开展"失败博物馆"活动，展示多次尝试终于成功的故事，让孩子理解挫折是成长的必经之路。

当教育回归心灵成长的本质，我们将惊喜地发现：那个曾经害怕黑暗的孩子，在完成"夜间探险"任务后，眼中闪烁着自信的光芒；那个总说"我不会"的孩子，在突破"数学迷宫"挑战后，主动要求更高难度的题目。这些生命拔节的声音，正是教育最美的乐章。

❤❤ 生活中的心理学智慧

让孩子爱上学习的秘诀：在"跳一跳够得着"的挑战区里成长。

教育圈最近都在琢磨：怎么才能让孩子眼睛发亮地主动学习？其实答案就藏在每个孩子身上那个神奇的"成长加速带"里——这个区域在心理学上叫"最近发展区"，说白了就是孩子"跳一跳刚好够得着"的挑战范围。想象一下玩闯关游戏的感觉：第一关要是太简单，通关后只会觉得无聊；要是太难，卡关三次就会摔手柄。最上瘾的状态永远是"这关有点难，但多试几次就能过！"学习也是同样的道理。当老师把知识拆解成"基础关卡→进阶挑战→终极 BOSS"三阶任务，就像在游戏里埋下彩蛋，每过一关孩子的大脑就会"叮"地亮起成就灯。

真正懂教育的老师都明白：培养学习兴趣不是靠喊口号，

而是要当好"成长关卡设计师"。他们懂得用"最近发展区"这把尺子，量出每个孩子的专属挑战带。作为教育者、心灵成长的引领者，我们不是在雕刻石头，而是在培育种子。当我们用最近发展区的智慧，为每颗心灵搭建适宜的成长温室，他们终将在挑战与成就的交响曲中，绽放出独一无二的生命光彩。

第十二章

三兄弟见大师

三兄弟是意识的三个部分：自我、本我和超我。超我是大哥、自我是老二，本我是老幺。在这三个兄弟中，大哥比较老实、爱面子、自尊心强，管理着两个弟弟。老三比较调皮捣蛋，想干什么就干什么，经常做一些不遵规守矩的事情，像猪八戒一样，贪财贪色，管不住自己的内心欲望，甚至一不小心，走上歪门邪道……

　　老大觉得老三的行为太丢自己家脸面了，就经常修理老三，老三还挺不服气，就和大哥吵。二哥就在中间调停。弟兄三人吵来吵去，谁也说服不了谁，他们就想找位大师来调解。

　　咱们看看他们都找了哪些大师？最后矛盾是怎么解决的？

01　三兄弟见尼采

三兄弟在争吵中，找不到让大家都能接受的答案，于是他们决定先去找哲学家尼采。经过长途跋涉，他们来到了尼采的家。

老二对尼采说了事情的大概过程，然后对尼采说："大师啊，我现在夹在老大和老三中间，每天听他们不断的争吵，觉得快要崩溃了，恨不能自杀。"

尼采说："你觉得你这样痛苦有价值吗？"

老三听了老二的说辞之后忍不住插了一句："你有什么好痛苦的？如果不是老大啰啰嗦嗦，总像个管家婆，我会和他吵吗？"

老大一听怒不可遏，大声说："你这个不知好歹的东西，我不管你，你早被人给打死了。"

老三说："我就是喜欢美食、金钱，这是我的自由，被别人打死也是我的事情，你管得着吗？"

尼采对老三说："你可以有自由。只要你愿意抛开兄弟的情谊，脱离这个家庭，你就不用再受老大的管制，你就得到了你想要的自由。"

老大这时就忍不住了："什么是自由？难道自由就是为所欲为吗？那和畜生有什么区别？一个人的自由必须以不损害他人的利益为前提，自由必须要由纪律和道德来约束。我们为什么比动物高等？就因为我们有道德。"

尼采说："所谓的社会道德都是不良的，它只会给人带来痛苦，你们可以看到世上有很多这样的事实。一部分不受道德约束的人，反而为这个社会做出了巨大的贡献；而大部分墨守成规的人，终生碌碌无为。"

老大不屑地说："这些都是一些极端的例子，不能代表全部，并且我一直在努力寻找一个平衡的方法。"

尼采说："你要知道这并不是一个完美的世界。"

老大说："所以我们才痛苦，才要来找你。"

老二这个时候说话了："我根本不想谈什么自由和社会道德，我只想过平静舒适的生活，不要每天都吵吵闹闹不得安宁。"

尼采说："你这样烦心是为了什么？你是为了让你自己得到安宁还是为了让这个家庭得到安宁？"

老二说："我想我还是希望这个家得到安宁吧，毕竟这是一个家，我不希望因为兄弟不和导致家庭破裂。"

尼采说："你要知道，现在你的大哥和三弟就像水和火一样。水火是永不相容的，如果你的老大是水，老三是火。你偏向老大，老三的生命之火就会被水浇熄；你偏向老三，老大的水就会被烤干。"

老二说："所以我更希望做一个容器，把水装起来，而火通过我，与水和平相处。"

尼采说："伪善的人啊，你是多么的世俗狡猾！你想要控制这两个人为你自己装潢门面，好让你自己看起来很完美。但是你想你的大哥和三弟可以轻易受你的控制吗？"

老二说："我知道这不容易，这也是我们来找你的原因，但是到现在为止，你除了批判我们每一个人外，最终也没有得出什么好的结论，我看我们是找错人了。"

尼采说："那你们就回去吧。如果你们甘于在别人设定的道德控制下生活，你们就会痛苦一辈子，你们这辈子都会无所作为，必定成为一个碌碌无为的庸人。"

于是，三兄弟失望而去。

02 三兄弟见孔子

三兄弟在尼采这得不到答案，就去寻找圣人孔子。

老大把事情的原委告诉孔子之后说："圣人啊，你给我们评评理吧！老三这样的行为，难道不是于礼不和，不成体统吗？"

孔子听了，点点头，表示赞同。

老三说："我们只是普通人，既不是当朝大臣，也不是一国之君，根本无需这样做。你也说过食色性也，我这样做也是人之常情。"

孔子说："是的，我的确是这样说过，但是我也提出和为贵，也说过孝悌之义，你怎么不去遵从呢？你大哥觉得你言行欠妥，于是提出让你纠正，你却不从，还恶言相向。须知，出则事公卿，入则事父兄。你接受兄长的良言，是对他最基本的尊重，难道这些你都不懂吗？"

老三说："他是我大哥，他当然可以教训我。但是你们想过没有，我是一个人，我也有我自己的思想，如果我一味地顺从他，那不就等于扼杀了我自己的真性情，这样我和行尸走肉有什么区别？而且你们这样做不也是一种暴虐吗？亏你们还在这里满口的仁义道德，简直是空谈。"

老大开始呵斥老三："够了！你这个畜生，你怎么敢对圣人如此无礼。"

老二见到两个最有学问的人都解决不了兄弟之间的纠纷，一时之间不知道何去何从，扑在地上放声大哭。

03　三兄弟见弗洛伊德

　　三兄弟决定去找心理学家弗洛伊德，到了奥地利，见到了弗洛伊德。

　　老三说："你给评评理，老大整天管着我，不让干这，不让干那的，烦死了。"

　　老大说："不管你，就会把我们家的生活弄得一团糟。"

　　弗洛伊德说："老二，你病了吗？"

　　老二说："怎么能不病，他俩整天吵吵闹闹的。"

　　老三说："你病了倒好，我整天被老大压制，痛苦着呢。"

　　弗洛伊德问老三："你最想做什么？"

　　老三说："我只想活得开心。"

　　老大说："不管社会道德，只顾自己开心，这怎么得了！"

　　老二也说："个人的快乐不能建立在别人的痛苦之上。"

　　老三听得头都大了，说："你们不要老是给我讲这个，好烦啊！"

　　弗洛伊德说："老三，你的想法从理论上说也没有错，但是你的做法有时候欠考虑。"

　　老三生气了，扬长而去，弗洛伊德也只好摇头叹息。

04 我们怎么对待三个不同的"我"

不管是自我、本我还是超我，他们的存在都有存在的理由。如果生活中本我多一点，我们也不要过多地去评判它，应该尊重它、接受它。即便是玄奘法师唐僧，他也没有否定本我。

为什么说玄奘法师没有否定他的本我呢？

因为他的三个徒弟本身代表的就是他的本我和自我。他不光保留了孙悟空这个有战斗精神的本我，他同样地也接纳二徒弟猪八戒，这样有欲望、有私心、有贪婪的本我。猪八戒承载着世俗的欲望，他的贪吃好色恰似人性中未被驯化的荒原。现代神经科学揭示，前额叶皮层对边缘系统的适度管控，正是文明与野性的动态平衡。当唐僧在女儿国面对诱惑时，他选择的是将这份欲望转化为修行路上的试金石，而非简单压制。这让人想起斯坦福监狱实验的警示：当社会规范过度压抑本真需求时，要么引发集体性的道德崩溃，要么催生双重人格的伪善。

沙僧作为沉默的自我，用挑担的背影诠释着调和的艺术。他既不像悟空般桀骜，也不似八戒般放纵，却在师徒矛盾时总能用朴实的智慧化解危机。这种自我功能，恰似心理学家科胡特所说的"过渡性空间"——既不完全臣服于超我的规则，也

生活中的心理学智慧

不彻底放任本我的冲动，而是在现实与理想间搭建缓冲的桥梁。

唐僧本人则是超我的具象化，但这位高僧从未将佛法变成枷锁。当悟空打死强盗遭其训斥时，他展现的不是教条的惩罚，而是引导弟子在忏悔中完成精神升华。这种教育智慧，与当代积极心理学倡导的"自我同情"不谋而合：接纳人性中的佛性与兽性，如同接纳天空中的明月与乌云。

所以连佛祖都允许，我们也不可能消灭掉它。

神经可塑性研究揭示，长期压抑本我会导致杏仁核过度激活，引发焦虑障碍；而放纵欲望则使前额叶功能退化，如同《西部世界》中失去约束的机器人。真正的修行，是在两者间找到平衡——就像玄奘允许八戒在化缘时展现食欲，却要求其遵守不偷不抢的底线；他包容悟空的叛逆，却用紧箍咒划定不可逾越的道德边界。

站在生命教育的维度回望，那些被允许在泥坑打滚的孩子，终将在成年后懂得何为得体；那些被接纳真实情绪的灵魂，才能发展出健全的共情能力。当本我的溪流不再被超我的堤坝围堵，当欲望的火焰得到理性的导流，人性方能绽放出既具神性光辉又不失烟火气的完整之美。

要承认人性中，既有佛性，也有兽性。如果只是一味地压抑兽性，那你就可能会得病，当然让兽性胡来也不行，那就不像人的样子了。

不允许本我存在的成长，养育不出活泼自由的灵魂。

现在的德育只允许正能量的声音，不允许老三出来。那些孩子们被压抑得已经没有本能了。现在，七八岁的小孩，你问他"今天吃啥？"他会说："不知道，随便！"你问他："今天去哪里玩？"他可能会回答"去哪儿都没意思！"可是当老师问："今天学雷锋该做什么？"孩子们会齐刷刷地举起小手；当他们讨论"遇到老人摔倒怎么办？"他们的回答堪比标准答案。这种道德教育，俨然成了精神分析学家比昂所说的"幻想消除器"！孩子们的本我被按在德育模具里塑形，生命本真的色彩在标准答案中褪色。正如临床观察显示，过度强调服从的教育环境会导致儿童决策功能域受损，前额叶皮层发育滞后（纳尔逊等人，2007）。

七八岁的年纪本来是生命张力无限扩大，像悟空大闹天宫时的状态，可现在他们却觉得这个没意思，那个随便，这也太没有天性了吧！小时候我们这群男孩子会跑到外面的村子去偷西瓜，到处撒野。一群十来岁的小孩，把衣服往草地里和林子里一藏，然后光着直接下水，一群孩子游过河，摸到地里去偷人家的瓜。因为天气太热了，看瓜的人都离开瓜棚，跑到村庄里面的树底下乘凉去了！我们就趁着这个空档，跑到人家瓜地里，见哪个瓜大就摘哪个，一个人搂了好几个就跑了。

看瓜的人突然发现了我们，大喊："小兔崽子，不要跑！"眼看人家就要追过来了，我们这一群小孩儿就扑通、扑通跳到河里，结果一跳到河里，瓜就搂不住了，河里就漂了好多的瓜。成长中可能发生的错误，现在家长还允许孩子们经历吗？本来是孩子贪玩的事，家长们就会把这种行为放大，上升到道德层面。在家长的打压下，孩子只能把这种欲望压抑下去。所以一些家长教育出来的孩子，看似是健康的，其实是"本我已死"的。

　　真正的道德觉醒教育，应当是让"三兄弟"在安全的环境里自由对话：当本我化身小野马在草原驰骋，超我化作牧羊人轻抚马鬃，自我则成为连接天地的彩虹桥。成长中的错误终将会化成痛苦，引发成熟后的反思和自律。这种教育不需要整齐划一的口号，而需要允许孩子在操场上打滚弄脏校服。因为道德的参天大树，从来都生长在自由的土壤里。

05 道德教育应该减少羞耻感

道德的最高境界是让一个人生命自由，而不是压抑他的天性。

有位妈妈讲了她和孩子之间发生的一件事。天天妈妈带大儿子去幼儿园接弟弟，出门前孩子说要换件衣服（当时大儿子穿了一件睡觉时穿的背心）。妈妈说："不用换，穿这个去接弟弟没事的。"儿子没有说话，直接换了鞋，跟着妈妈走了。

结果到了幼儿园门口，儿子不下车。妈妈问他原因，他居然说："你不让我换衣服，我不想下去。"妈妈一听就来气了，把儿子训斥了一通。最后不管妈妈来软的还是硬的，儿子就是不挪身。

我想，为什么孩子会这么在意自己的穿着？原因就是孩子身边有超我在提醒他：你穿成这样，怎么能见人呢？这背后暗藏着弗洛伊德人格结构理论的深刻启示：当父母将"穿背心见人＝羞耻"的观念反复强化，实则是在孩子超我形成的关键期（5岁～7岁）植入了"道德监视器"。这种情况就是平时家长给小孩灌输的羞耻感在起作用，孩子所有固执行为都有家长或者老师教育的痕迹。

现在小孩的这种本能的部分，跟十天左右的小公猪是一样的，面临着被阉割的命运。家长一发现孩子有一些不好的行为，如客人来了没有问好，或者上学不注意卫生等，就开始阉割他。本我的阉割，可能就会导致"假超我"的出现。道德我，是自由的，是有力量的；而假的超我是没有力量，不负责任的。这种看似避免了"不良行为"，实则催生了两种畸形果实：要么是唯唯诺诺的"假超我"（服从规则却失去生命活力）；要么是压抑到极点的本我反叛。科尔伯格的道德发展阶段理论特别指出，前习俗水平（9岁前）的儿童若长期处于道德强制环境，其道德判断将永远停滞在"避免惩罚"的初级阶段（劳伦斯·科尔伯格，1984）。

真正的道德觉醒应当如春风化雨，让超我成为内在的指南针而非外在的镣铐。健康的超我形成需要三个支点：给予选择权的自主空间（如让孩子决定是否换衣）、共情式沟通（理解着装焦虑背后的心理需求）、以及后果自然承担法（让孩子体验不换衣可能面临的社会反馈）。

> 吉诺特在《父母与子女》中强调：当母亲最终意识到"孩子的不良行为都是教育者的责任"，这恰是走向教育成熟的标志。

青春期是孩子的生长季节，他的生命在发育状态，有张力。有些歌是描写美好的童年和少年生活的。比如郑智化的《水手》写的就是：曾经在满天的星空下做梦的少年，不知道天多高，不知道路多远，结果到头来却发现人生是另外一副样子。所以，孩子还是要多经历的，没有经历，没有体验，怎么能成熟呢！

❤ 生活中的心理学智慧

每个人的心里都住着三个性格迥异的"兄弟"，他们每天上演着精彩的内心戏——这就是心理学大师弗洛伊德提出的本我、自我与超我。让我们剥开理论外衣，看看这三位"室友"是如何在生活里折腾的。

顽童本我——被锁在衣柜里的真性情。想象你参加同学聚会，刚端起奶茶要续杯，突然想起"要减肥"的 flag，这时心里就炸开了锅：本我弟弟跺着脚喊"就要喝！奶茶多快乐"；超我哥哥板着脸说"自律才是成功人士的标配"；自我大哥则忙着打圆场："要不换成无糖的？"现实中的我们何尝不是如此？职场新人想拍桌辞职（本我）；但看到房贷短信又乖乖加班（超我）；朋友圈里精心修饰的度假照，不过是本我被现实阉割的证明。就像被家长管束的孩子，我们越长大，那个敢说真话的"小顽童"就越被关进衣柜。

严父超我——戴着道德枷锁的自律者。真正的道德觉醒该是什么样？不是春节被逼相亲时说"我为父母活"，而是主动选择单身生活的坦然；不是加班到凌晨，发朋友圈求点赞，而是享受工作本身的充实感。可惜现实中，我们常把超我异化成道德警察：看到年轻人躺平就批判"不思进取"；听见离婚就叹"家风不正"。这种"为你好"的集体催眠，本质上是用道德大棒绑架他人的选择。就像要求所有人必须穿西装才算得体，却忘了有人天生适合汉服的飘逸。

和事佬自我——在夹缝中找平衡的艺术家。健康的心理状态，是让三位兄弟开家庭会议：本我偶尔放肆吃顿火锅，超我提醒注意肠胃，自我负责挑选清淡的锅底。真正的成长不是消灭某个"我"，而是学会当调解员。就像既允许孩子哭闹，又教会他遵守规则。当"996"打工人敢对无效加班说"不"；当全职妈妈能理直气壮享受下午茶时，这才是超我、本我与自我达成的美妙和解。道德从来不是苦行僧的锁链，而是让每个"我"都能舒展绽放的土壤。

下次当内心又开始吵架，不妨泡杯茶当观众：看本我撒泼打滚，听超我引经据典，等自我端出折中方案。这出内心戏唱好了，比任何心灵鸡汤都治愈。毕竟，人生最难的修行，就是与自己和解。

第十三章

石头的故事

石头作为一个文化符号，它是有生命、有灵性的。

中国文学的璀璨星河，四大名著中竟有两部以石头为叙事原点，这绝非偶然的文化巧合。《红楼梦》开篇即以女娲补天遗落的通灵宝玉为引，将顽石从"无才可去补苍天"的喟叹，到"历尽离合悲欢炎凉世态"的尘世修行，构筑成一部士人精神史的隐喻史诗。那方承载着"假作真时真亦假"偈语的通灵玉，实则是知识分子在庙堂与江湖间徘徊的镜像，在出世与入世间挣扎的物化投射。

而《西游记》中从东海傲来国花果山仙石迸裂而出的孙悟空，则以石猴之躯承载着冲决礼教罗网的叛逆精神，其"金箍棒定海，火眼金睛勘破虚妄"的神通，恰是民间智慧对"顽石点头"哲学命题的浪漫演绎。这种将永恒与瞬息、坚硬与圆融、蒙昧与觉悟熔铸于一体的智慧，正是中华文化独有的生命美学。

01 故事由来

石头的故事源于一次咨询经历。当时一位来访者说他有恐惧症，很害怕。可看着坐在我面前的这个人，跟他交流互动，我觉得这个人，和他所描述的那个恐惧的，胆小怯懦的自己，其实不是一个人。

于是我对来访者反馈说："你所说的像是另外一个人的故事，咱们干脆找另外一个物体来代替心中那个恐惧的自己吧。"他说："找什么代替呢？"找来找去，就发现了石头，于是用石头来代替恐惧的自我。接下来，来访者就讲述了有关"石头"的故事。

我在治疗恐惧自我的过程中，要求他跟那个恐惧的自我对话，他就对石头说："你害怕什么？"又把自己当作石头，回答自己害怕的东西，然后他安慰石头说："我会在身边陪伴你，你不要怕，咱们慢慢成长。"后来他带着石头一起睡，跟石头对话，还给石头写信。经过一段持续治疗，他的恐惧症状就消失了。

原来，石头还有这么大的魔力，我发现了新大陆。从那个时候起，我就开始用石头来做心理治疗了。

02　石头的文化传承

"石头的故事"这个技术其实是误打误撞开发出来的。后来我去查阅了一些资料。发现石头是中国人集天地日月星辰之后很重要的一个文化图腾。在人类集体潜意识的符号系统里，石头占据着极为重要的位置。中华民族大家庭的不同时期，不同地域都曾经有过以石头作为图腾的历史。比如羌族人崇拜石头，并且把白石作为其民族的主要图腾符号之一，这种文化现象一直延续到今天。石头是一个重要的符号象征，它解释了为什么我们能够把自我投射在石头中，石头又反过来作为自我的一种象征。

中国人信天，遇到问题的时候，就会祈求"老天爷"的保佑。老天爷就是中国人心中一个重要的符号，重要的文化图腾。老天爷，土地爷，日头就是太阳，然后月亮，各路星辰都有神通，分别被赋予了意义与力量。他们各司其职，掌管我们祖先的一切。这就是人类在发展当中，无能为力的时候，总需要的心理寄托。

在欧亚大陆广阔的草原上，星罗棋布地分布着一批墓葬，每一个墓葬旁边都竖立着一个石头人。据考证，这个石头人所代表的就是墓葬主人生前的自己。这种文化现象所反映的正是人类在面对死亡等一些无法解释的自然现象时所做出的一种解释与应对。人们把身体和灵魂分开来看，认为身体没有了，但灵魂还在。如果能够把这种永远不会消失的灵魂和另一种永远不会消失的东西连接在一起，这个困扰人类心灵的问题就解决了。石头在这一时空背景下，就担任起了重要的使命。一方面，石头是人类认识和开发使用得最早的且可以长期使用和保存的生产工具，并从中培育起最早的石头文化。另一方面，石头代表的是永恒和坚强，由于其独特的天资，自然而然地承担起了文化历史重任。

中国文学库中有四大名著，其中有两部都和石头有关联，甚至可以说是石头的故事。《西游记》中的主人公孙悟空是石头变化而成，寓意以为自然之造化。《红楼梦》原名《石头记》，也是以具体的神话传说为背景。这些文学作品中所反映的文化现象，恰好说明在中国人的集体潜意识里，石头是继以日月星辰等为主要崇拜之后的又一重要图腾。

《西游记》中有个孙悟空大战黄风怪的故事。黄风怪其实就是玄奘法师在西行取经的路上遇到的沙尘暴。玄奘法师在路上经历了一个风沙区，黄沙漫天。古代的时候，人们不能解释这种自然现象，于是当地人就把这种现象当作是一种妖魔鬼怪。

当自然界的各种神秘力量，我们不能用科学原理解释清楚的时候，我们就会向它臣服。比如渔民出海捕捞鱼虾，遇到大风大浪，船眼看就要翻了，突然之间，海上风平浪静。这时候，远方来了一个女孩。渔民就会认为刚才那股能制止大自然的神秘力量，就来自这个女孩。她是一个神。妈祖怎么来的？她就是这样来的。

所有的信仰、文化图腾都是有符号的。那么，为什么石头会成为天地日月星辰之后，另外一个神秘的力量？为什么不是木头呢？因为木头容易烂，石头烂不了。中国人潜意识里已经把石头当成是有力量的象征了。

唐宋八大家之一的柳宗元，和石头有着千丝万缕的关系，是古往今来许多和石头有着传奇故事的文人雅士的主要代表之一。唐代永贞元年九月革新失败，他被朝廷贬官至湖南永州任司马。这样的状况对于满怀报国之心的青年才俊来说是何等的心情？可想而知，他的内心有各种情绪和观点需要表达，但当时的政治环境也许不允许这样的表达。因此，作为文学家的他，就游走于永州的山水之间，和石头对话，把自己投射为自然界的石头，以文学作品作为载体，表达自己的内心情绪、情感，并且在恰当的时候以石头作为隐喻主体，表达自己的价值观以及对待当时世界的态度。《小石潭记》《小石城山记》等优秀作品均出自他被贬之后。这种以石头作为另一个自己，借助文学艺术作品为载体来为自己心灵疗伤的方式，古往今来可谓不乏其人，柳宗元算是一位主要代表人物了。这种把石头作为有灵性，有独特生命的文化认知现象，也可以说是远古时期人类在自然崇拜中物我不分的另一种延续和体现。

中国人自古以来，都有自己的精神世界，都有一套自己的法则。正是这套法则，让我们产生了世界独一无二的文明。

03 "石头的故事"疗效因子

当一种心理治疗技术被创造出来并且取得治疗效果时，人们自然会问，是什么因素导致它产生了治疗效果？著名的心理学家欧文·亚隆把这种能帮助人心理康复的治疗要素称为"疗效因子"。

那么"石头的故事"这一心理技术产生了哪些疗效因子呢？

对照欧文·亚隆在他的治疗方法中分析出的疗效因子，"石头的故事"心理技术的疗效因子包括：希望重塑、普遍性、传递信息、利他主义、原生家庭的矫正性重现、人际学习、团体凝聚力、宣泄、存在意识因子。"石头的故事"还具有两种独特的疗效因子，这两种疗效因子就是文化心理治疗与矫正性对话。

"石头的故事"团体心理治疗是一种艺术表达治疗，其直接媒介是最常见的"石头"。为何借助这块小小的石头，参与者就能直抒心意，与这块石头产生共鸣，进而达成治疗效果。一个直接的原因就是蕴藏在人们心中的文化心理被触动了，他们被调动起来参与了个体心灵的重建。人的心理是在个体生理素质发展过程中接受所接触到的社会文化建构起来的，是借助一定的符号系统将社会文化内容内化成了个体心理内容。石头既是一种物质，也是一种文化符号。人类在与石头打交道的过程中将物质的石头借助各种符号转化成了石头符号，用以表达群体的心理内容，形成了绵延数千年的石头文化。

石头符号，既是建构一种文化符号系统的过程，也是建构心理内容、心理结构的过程。这种集表达与建构于一体的功能使文化符号成为心理治疗因子的功能基础。在"石头的故事"团体心理治疗中，一块既非实用的、又非使用者自己带来的小小的、陌生的石头，却能激发团体成员的情绪，表达相关的心灵内容。因为这块小小的石头的形式与团体成员的内心的石头文化心灵内容结构具有相似性，现实的石头被个体感受内化为一个符号，这个符号将个体内心的结构形式与之相似的心灵内容激活，从而引发情绪、带出情结、表达意愿、实现个体心灵内容的外化，然后经过多次对话的处理调节，使个体对情绪、意象等的认知得到改变，领悟到新的意义，心理得到治疗。

"石头的故事"是一种艺术表达性治疗。"石头的故事"作为一种融合艺术表达与团体动力的治疗范式，其治疗效能根植于多重心理学理论的交织作用。从表达性艺术治疗的视角来看，该疗法巧妙运用了荣格分析心理学中的原型理论，将石头作为承载集体无意识的原始意象，通过个体与石头的象征性对话，实现潜意识内容的外化与意识化，这一过程与积极想象技术异曲同工。同时，心理动力学投射理论揭示，石头作为过渡性客

生活中的心理学智慧

体，在个体内在世界与外部现实间构建起沟通桥梁，使被压抑的情感体验得以具象化呈现。

因此，在使用艺术化技术手段的同时，如何做好个体治疗从而带动团体治疗成为团体导师促动的着力点。在这个点上，团体导师不仅要考虑对个体的治疗，还要考虑通过这个个体的治疗带动团体的治疗进程。因此，对个体的治疗既不能任由个体慢慢自然呈现、转化，也不能只将注意力完全放在该个体身上，此时导师的主导作用要表现出来。这种主导作用就体现在对技术的运用和对治疗过程中出现的人与石头的对话的主动引导上。技术的运用的核心要素是文化心理建构。人与石头的对话的又一治疗性要素和治疗因子，就是矫正性对话引导。

该模式体现了亚隆团体治疗理论的精髓，要求治疗师在关注个体呈现的同时，敏锐捕捉团体动力场的变化。通过聚焦个体案例引发的普遍性因子，实现"以点带面"的治疗迁移，这与社会微系统理论的生态化干预原则不谋而合。治疗师的主导作用在此过程中尤为关键，既需避免过度干预阻断自然疗愈进程，又要防止放任自流导致治疗僵局，这种动态平衡恰如自体心理学所强调的"恰到好处的挫折"。

"石头的故事"治疗中，对话的治疗意义在将个体原本意识不到的被压抑在潜意识的情绪意象等内容导出来（外化），呈现给意识，然后再做调整。这个过程就具有治疗意义。所谓"矫正性"，是指"石头的故事"治疗中，不仅个体在对话中进行自我矫正，还有团体导师的有意引导、促动，对个案的对话进行的矫正，可以帮助个体尽快突破自己原有不合理的观念，达到矫正的目标。

石头作为文化符号承载着集体记忆与文化图式，治疗过程中的象征性互动触发了个体的文化适应与身份整合。这种生态文化视角的治疗，不仅关注个体心理层面的改变，更强调在文化生态系统中实现自我与环境的和谐共生。最终，治疗师通过维持治疗系统的敏感依赖性，运用微小干预引发宏观层面的模式转变，使"石头的故事"成为连接个体内在世界与外部现实、微观叙事与宏观文化的治疗媒介。

04 "石头的故事"技术应用

我们呈现一下"石头的故事"技术的具体操作流程。

几十个人，围着一堆石头席地而坐，在冥想中进入放松的状态。

导师引语："真实地面对自己，会看到有个小孩住在你的心里面。看看他穿着什么衣服，有着什么样的表情和眼神？"

"每个人的内在都有一个孩子。我们不确定他的年纪，但是很多时候他比我们以为的还要小。他是我们在年幼时受伤破碎的部分，深深地埋藏在我们的心里。他有时哭、有时笑、有时愤怒、有时悲伤，有时他希望你的拥抱、有时又想对你大吼大叫。这个孩子住在我们的内心，往往比已长大的我们更清楚我们真正的需要。这个内在小孩就是你的心。为自己付出是值得的，如果连你都不去试着与你的内心小孩子相处，去照顾他，还有谁会爱你呢？所以，从现在开始，爱自己。"

静下心来，才能看见真实的自己，这个自己和平时我们见到的甚至大不相同。面对这个真实的自己是需要勇气的，所以导师请在场的所有人手牵着手，传递温暖汇聚能量。现代社会已经让我们戴上了太多的面具，当一个人感受到爱与温暖时，才有勇气面对真实的自己。

"选取一块石头为他取名。"导师鼓励每一个人在石头堆里选一块石头，并为他取一个名字，最好能说出为什么选这个石头。

石头，是很多人童年最亲近的玩伴，所以课堂气氛一下子就活跃了起来。石头或大、或小、或黑、或白、或光滑、或粗糙，每个人凭着感觉，选择自己的石头。这个看似游戏的行动，背后究竟有着怎样的寓意？

有的人给石头取名叫宝宝，有的人叫它小宝，有的人叫它欢欢，有的人叫它坚强，还有的人就用自己的名字……取名的理由，多是对自己寄望的一种潜意识投射。每个人都或多或少地在石头上看到了自己的影子。

"石头集日月之精华，石头还曾用来占卜，石头本身就是有生命有灵气的。"在导师一步一步的带领下，我们明白，原来我们手中的石头，就是我们内心的一个显现。于是，有的人感觉到了石头的温暖，还有的人感觉到了石头的心跳。

"从这一刻起，便把手中的石头当作内心里的那个孩子，呵护它、拥抱它、陪伴它，这个你自己选择命名的石头在它生命的最初有着怎样的故事呢？"

导师让每个人为手中的小石头讲故事，假设的时间段是0岁~3岁。每个人讲故事的时候，一定要对着手上的石头说。

总结

石头告诉我们：

①每个人心里都有一个内在的小孩。

②从试着分享一块石头的故事开始打开我们，我们会发现石头就是内在的小孩，石头的故事就是我们自己的故事。

③不能因为自己工作生活的忙碌而忽略了和我们内在的小孩相处，关注他的需要和成长，我们的人生会更精彩。

❤❤ 生活中的心理学智慧

我们每一个人对待自己内在小孩的方式都是不同的。但是对待内在小孩有一个关键点，就是不要和他讲道理。孩子是不懂大道理的，他只会在意自己看到的和听到的。

让我们成为内在小孩的代言人，以他的语气给自己写一封信。希望通过这封信，每个人更能体会到内在小孩的需要，更懂得应该怎样去接纳他。写好这封信首先要对内在小孩的内心有一定的了解。这样不只锻炼了我们体察他人的能力，同时也锻炼了自己体察自己内心的能力。

我们每个人心中都住着一个"内在小孩"，他或许蜷缩在记忆的角落，或许时常在梦境中探头，用稚嫩的嗓音诉说着未被满足的渴望。对待这个内在小孩的方式，决定了我们与自我关系的温度。真正的疗愈，始于放下说教的执念，以纯粹的共情搭建心与心的桥梁——孩童的思维如同清晨的露珠，折射着本真的生命体验。当成人自我试图用逻辑与规则去规训那个哭泣的"内在小孩"时，往往忽略了：情绪先于道理存在，创伤需要被看见而非解释，未被满足的需求会持续呐喊。被否定时的羞耻感、孤独时的窒息感、失败时的挫败感，这些原始情绪如同潮水，不会因一句"你要坚强"而退却；父母争吵时躲在门后的颤抖、考试失利时老师失望的眼神，这些画面早已镂刻在潜意识中，成为比任何说教都更鲜活的"生存指南"；童年时期缺失的拥抱、未被听见的哭泣、强行压抑的愤怒，都在等待一个被重新认领的时刻。

这封穿越时空的信笺，应当是心灵镜像的具象化呈现。它需要具身化的共情，去重建感官记忆："亲爱的，我记得你七岁那年蜷缩在钢琴凳上的样子。琴键的冷硬透过薄薄的校服渗进皮肤，老师戒尺落下的声音比窗外的雷鸣更让人害怕。现在让我轻轻揉开你紧攥的拳头，我们不需要完美，只需要呼吸。"它需要时空对话，去打破认知闭环："当你说'都是我的错'时，我看见了妈妈病床前那个自责的小小身影。让我们把时光倒退三十年，现在的我有能力握住你的手说：你已经做得足够好。"它更需要承诺的仪式，去重构自我契约："从今天起，每当暴雨突至，我们可以像小时候那样蜷在树洞里。不需要成为遮风挡雨的大树，只需要做两株依偎的幼苗，在彼此的倒影里确认：你值得被好好安放。"

这封信不应是单次疗愈的终点，而应成为持续成长的起点。建议每月重读这封信，并补充新的观察：记录下那些"突然想通"的瞬间，往往源于内在小孩的智慧闪现；制作"成长纪念册"，收集每个阶段对内在小孩的新认知；设立"心灵树洞日"，用角色扮演的方式与不同年龄的内在小孩对话。当我们学会以孩童般的好奇凝视内心，以成人之智守护这份纯真，便完成了马斯洛所说的"自我实现"——不是成为完美的超人，而是成为完整的"人"。这封写给内在小孩的信，终将成为照亮人生旅途的灯塔，指引我们走向柔软而又坚韧的生命状态。

第 十 四 章

"你不要生气"

生活中总有些看似平常的对话，像一把无形的钥匙，悄然打开情绪的潘多拉魔盒。比如，当朋友、伴侣或同事突然冒出一句"你不要生气"，原本平和的交流氛围可能瞬间凝固——被提醒"别生气"的人，反而像被按下了愤怒的开关。这种矛盾现象背后，究竟藏着怎样的心理博弈？

　　"你不要生气"这句看似安抚的话，实则可能成为权力游戏的开场白。它可能暗含评判、转移矛盾，甚至操控情绪的陷阱。从亲密关系到职场谈判，从无意识的沟通习惯到精心设计的心理战术，这句话每一次出现，都在试探人际关系的边界与底线。

01 第一层：隐形的权力翻转

假设两个人在一起相处的时候正在互动和交流，本来他们都没生气，都挺和颜悦色的。但是有一个人突然就跟另一个人说："你不要生气，算我没说可以吧。"或者说"你不要生气，我不说了，可以吧。"又或者说"你不要生气了啊，这本来也没有什么大不了的。"奇怪的是另一个本来不生气的人就生气了。为什么？这是一个很小的话题，但是生活当中经常会遇到的。他的背后隐含着另外的一些意思。

这背后隐含的一个意思就是：我现在没有生气，你生气啦。两个人本来是平等的，人与人之间的交往是以尊重和平等为前提的。这个时候，尊重和平等实际上不仅是在外在的社会地位上，其实还有一种心理上的平等。就是在心理上你没有优越于我，我也没有优越于你。但是一旦一个人说了"你不要生气"。另一个人不管他是生气还是没生气。他只要听到了"你不要生气"这样的话，其实这就已经说明，他生气了人家没有生气。他心里感受到的是：你比我有格局，你比我有气量，你比我心理承受力更强。其实他们两人之间已经失去了平等。不仅是失去了平等，被说的人好像有一种被压制或贬低的感觉，这时候就开始不爽，也就是真的生气了。

它可能是一种隐性评判。说话者通过单方面定义对方的情绪状态（"你生气了"），悄然构建了心理层面的评判者角色。**这种言语模式违背了非暴力沟通理论中"观察与评判分离"的核心原则，将对话的主动权牢牢掌握在自己手中。**

所以看似是平常互动的话语，其实是有大门道的。嘴巴上让"别人不要生气"，其实潜意识里边表现出了"我的境界比你高，你看我没有生气，你生气了。"两个人话说不下去了，他想给自己找个台阶下，于是就脱口而出"你不要生气了，算我没说好了。"其实是他意识到自己刚才话说多了，说了不应该说的话，但他不愿意承认是自己的问题。他就把他人的身体当台阶，所以踩着你的脖子或肩膀下来。

他长期的、习惯性的模式就是：每当他和别人沟通不下去的时候，就会用这种方式给自己下台阶，就说："你不要生气了，算我没说可以了吧，我不说了行了吧？反正事情在于你啦，我都是好心和你讲啦，你那样生气干什么？"总之，为了掌控主动权，他无意识之中就把别人压低了，压低他人才可以踩着别人的肩膀自己下台阶。很多冲突中"你不要生气"其实是说话者给自己搭的逃生梯。想象这样的场景：两人争执时，一方意识到自己失言，既不想道歉又不想继续纠缠，便抛出这句话当免战牌。这种行为本质上是把对方当

真正平等的沟通，不是评判，而是先看见。

成人肉缓冲垫——用对方的情绪反应转移矛盾焦点。

"你不要生气"常作为退行性沟通的典型策略，其功能类似精神分析中的阻抗机制：说话者通过将责任转嫁给对方情绪（"都是你生气导致对话中断"），实现自我合理化。这种模式在亲密关系中尤为隐蔽，正如鲍恩家庭系统理论指出的，情感操控常以"为你好"的名义实施（默里·鲍恩，1978）。更值得警惕的是，在敌意情境中，该表述可能演变为恶意攻击的工具。

那我们在尝试着去探讨一下，喜欢说这种话的人有没有分类呢？刚才我说的第一种类型，他的人际交往模式就是喜欢无意识贬低别人，自己找一个台阶下，这样子显得比别人高。对方生气、愤怒，但却不知道是为什么？比如说在亲密关系中，丈夫说："你不要生气了，我不说了，行了吧！"或者是妻子说："你不要生气了。我不说了，行了吧！"（妈妈也是）。如果他用了这一招，他就是想让你就范。"你不要生气行不行？我又没有说什么。"对方听到以后就更加生气了。这是他的策略和技巧，如果你生气，他就可以趁虚而入，你生气或愤怒，你在不理智的状态下，他就可以掌握主动权。这就是一种恶意的攻击行为，不是无意识的行为，他是有意识地把你惹火，然后在其中取利，使自己占到有利的地位。

02 更隐秘的威胁：被动攻击型人格

进一步深入的探讨，心理学里有一个词叫"被动性攻击型人格障碍"。在人际交往当中有这样一种人，他和你相处的时候，很容易就能挑起你的愤怒。你会发脾气，想要摔东西，想要打人。此时他还会很无辜地跑过来说："哎，发生什么事了？我又没有做什么，你怎么这样子呀！"其实都是他做的，他把你惹毛，把你搞崩溃，结果他又一脸无辜地跑过来对你说他什么都没做。他们表面温和，实则擅长通过"软性攻击"引发对方崩溃，这就是被动性攻击型人格。

特定人群反复使用该句式可能暴露被动攻击型人格倾向。根据《精神疾病诊断与统计手册》第五版（DSM-5）诊断标准，此类人格通常表面顺从，实则暗中激怒对方，其核心特征包括：

（1）间接表达敌意（如通过"关心"实则贬低）。

（2）制造内疚感。

（3）伪装无辜（美国精神病学协会 American Psychiatric Association，2013）。

文中提及的家暴案例恰是这种模式的极端呈现——受害者反复被激怒，直至崩溃边缘，施暴者再以"受害者"姿态逃避责任，形成恶性循环。这种模式印证了客体关系理论中"投射性认同"机制，操控者通过诱发对方特定反应来缓解自身焦虑（奥托·弗雷德里克·克恩伯格，1975）。

在人际关系当中有这样一种人，他常扮演受害者，但实际上伤害他的人就是被他激惹出来的。这种类型的人常常喜欢把别人惹毛，然后又撇得很清，好像一切都和他没有关系。这种人一定要小心，你跟他在一起，自己都不知道自己已经受伤了。那些在现实人际关系中愤怒的人、生气的人、发脾气的人，其实是可怜的。为什么？因为他被攻击了，他才会愤怒，他才会发脾气。所以当你看到一个人在发脾气的时候，你一定不要光看到他多么可恨，他多可怕，你要看看他身边的人在做什么。就像小孩子，有时候爸爸、妈妈说："哎呀，我的小孩，他就是脾气暴躁，一点小事都发狂。"你不要沿着他的手指看向他的小孩，你要看他本人做了什么，他有没有无端指责自己的孩子？有没有总是误解自己的孩子？

03 面对沟通陷阱的破局之道

面对这些沟通陷阱，以下操作建议可助你破局。

一、夺回情绪定义权

当对方抛出"你不要生气"时，立即用"我感受到你在评判我的情绪，我们可以就事论事吗？"打破隐性贬低。根据情绪 ABC 理论（阿尔伯特·艾利斯，1962），我们的情绪反应并非直接由事件引发，而是基于对事件的解释。通过主动定义情绪，你能避免被对方的话语框架所束缚。若对方持续模糊焦点，可补充："你希望我保持冷静，我理解，但先解决事情更重要。"例如在工作中，当同事说"你别生气，我不是针对你"，你可以回应："我理解你的立场，但让我们先讨论方案如何优化。"

二、识别"台阶"背后的操控

若对方用这句话转移矛盾，直接点明："你提到'算我没说'，是希望我们翻篇吗？但问题还没解决。"坚持将对话拉回具体议题，避免被情绪绑架。这种策略在心理学中被称为"情绪绑架"（Emotional Blackmail），说话者通过制造愧疚感来逃避责任。

例如在家庭争吵中，当一方说"算我错了行了吧"，另一方可回应："我们需要解决的是如何避免下次冲突，而不是争论对错。"

三、区分"善意"与"恶意"

无意识贬低型：用"我理解你的关心，但这句话让我感觉被否定。"来表达感受，引导对方反思。例如在亲密关系中，当伴侣说"你别生气，我随便说说的。"你可以补充："我知道你是无心的，但这样的话会让我觉得自己的情绪不被重视。"

针对恶意激惹型：保持冷静，用"我们是否在讨论同一件事？你的表述似乎在转移话题。"来戳破其策略。这种行为在谈判中很常见，对方可能通过激怒你来获取主动权。例如当对手说"你这么激动，看来我说中要害了。"你可回应："让我们回到合同条款本身，避免人身攻击。"

四、应对被动攻击型人格

若对方反复激惹后扮演受害者，可记录沟通细节（如时间、事件），在对方再次"无辜"时回应："上周我们讨论 X 时，你提到 Y 让我产生困惑，能否解释你的真实想法？"用事实替代情绪对抗。这种人格类型常通过"投射性认同"（奥托·弗雷德里克·克恩伯格，1975）机制，将自身敌意投射到他人身上。例如在团队中，当同事说"我只是提建议，你怎么又生气了？"你可展示记录："你上周也说过类似的话，当时小张因此误解了项目方向，我们需要更清晰的沟通。"

五、建立"情绪防火墙"

沟通前约定规则："若我们产生分歧，先暂停 10 分钟，各自梳理观点再继续。"这种"暂停技术"（约翰·戈特曼，1999）能有效防止情绪升级。

察觉自己被激怒时，默念三遍"对方在试图操控我"，配合深呼吸等平复情绪。这种自我暗示能激活前额叶皮层，帮助恢复理性。例如在家庭争吵中，当你感到愤怒涌上心头时，可暂时离开现场，用冷水洗脸并默念上述口诀。

六、终极策略：终止游戏

若对方是长期模糊边界的习惯操控者，最有效的反击就是拒绝配合。这种策略在心理学中被称为"灰岩法"（Gray Rock Method），通过变得无趣和不可预测，削弱对方的操控动力。例如在合作关系中，当对方反复越界，你可明确告知："我们的合作需要建立在相互尊重的基础上，否则我将考虑终止协议。"

健康的沟通应是两个平等灵魂的坦诚对话。下次再听到"你不要生气"时，不妨反问自己：说这话的人，究竟在害怕什么？掌握这些策略，你便能将潜在冲突转化为增进理解的契机。记住，真正的沟通艺术不在于避免分歧，而在于如何将分歧转化为深化关系的阶梯。

第十五章

心理疾病是"权益之病"

"权宜之病"，这个看似矛盾的词汇，实则蕴含着深刻的生存智慧——当现实与理想产生裂痕，当内在需求遭遇外在桎梏，人体与心灵便会启动精妙的应急机制，以症状的形式发出求救信号。从孩童通过躯体化症状索取关爱，到职场人用消极怠工对抗价值缺失，这些被贴上"病态"标签的行为，本质上都是生命在特定情境下为维持平衡而创造的"权宜之计"。

01　行为与动机

　　过去我们经常听到"权宜之计"这个词。在特别时期，我们没有办法平衡外部的和内部的心理关系与事态的发展，为了使外部的事情或者关系不继续恶化，我们有时候会做出一些积极的行为或者干预，这就叫"权宜之计"。现在我们把"权宜之计"这个词改了一个字叫"权宜之病"，那么就来看看什么是"权宜之病"。

　　我们要先了解一下动机。每一个人所做的任何一个行为都是由它的动机决定的。比如，我们吃到胃里的食物消化完了，胃就会传递信号给大脑，告诉大脑饥饿的信息，以表明人体需要马上补充能量，这就是内部的动机。动机是由一种目标或者是对象所引导、激发和维持个体行动的内在心理过程和内驱力。这是理论层面上对动机的解释，看起来很复杂，简单来说，动机就是你想要做一件事情背后的原因，为了达到这个目的，你才会去有意识地做某件事。学心理学和没学心理学的人区别在于：后者是从动机、行为和需要三者之间互动的视角去看待一个人的，从动机的角度去看他的行为。

　　没学过心理学的人，一般是从道德层面去评判这个人——

他是坏人？还是好人？比如，某人看到一个人偷别人的东西了，如果学了心理学，他就会琢磨那个偷别人东西的人是出于什么动机呢？他不缺钱，他为什么要偷人家的东西呢？没学心理学的人就会说，他不缺钱还偷别人的东西，这个人天生就是个坏蛋。这个评价和结论就归为此人道德的问题，那就会很麻烦，因为这种评价根本就不是客观评价。学了心理学，我们可能还会进一步思考：他为什么要偷人家的东西？偷别人的东西让别人抓住了，还挨一顿打，这不是自讨苦吃吗？难道他偷别人的东西是为了引起别人的注意？可能在现实中没有人与他沟通，没有人倾听他的诉说吧。

如果他是个小学生，那可能是他父母不理他，也不关心他，他只好做一些出格的行为引起他们的关心，于是即使是不好的做法他都选择去做。所以不难看出他偷东西的行为背后的动机就是对父母的情感链接的需要。有人会说，那他可以直接向父母表达呀，或许是因为以前他表达过，但是没有用。深入思考之后就会发现，我们不能只从道德的角度去看待一个人或一件事。比如，孩子总做小动作，或者经常生病，父母不理解，孩子怎么那么不懂事呢？其实我们和孩子交流一下，他们的秘密和小心思就泄露出来了。在给那些没有被疼爱的孩子做辅导的时候，我们经常会听到他们说："我不想好了，我想一直病下去。因为我生病的时候他们对我太好了。"所以，他们生病的背后是什么动机呢？就是想要得到足够的关爱和照顾。任何行为的背后都是有动机的，如果用动机和行为的关系去看待，我们就能更清楚地了解现状，也就能更好地解决问题了。

美国心理学家亚伯拉罕·马斯洛的需求层次理论为我们提供了理解"权宜之病"的认知框架。当个体基础需求（如安全感、归属感）长期处于匮乏状态时，生理需求（如健康）可能被降维使用，成为满足高层级需求的替代性工具。这种需求错位在儿童群体中尤为显著：**当情感需求长期得不到满足时，孩子可能通过躯体化症状（如反复生病）获取关注，实质是生理需求与心理需求的倒置性补偿。**

动机研究领域的自我决定理论（Self-Determination Theory，SDT）进一步揭示了行为的内在驱动力。德西和瑞安提出的三大基本心理需求——自主性、能力感和关联性——构成了人类行为的底层代码。在"权宜之病"案例中，孩子通过反常行为实际上是在向环境传递未被满足的关联性需求信号，这种行为本质是对依恋缺失的适应性补偿。

02 "权益之病"系统在管理中的应用

可以说，"权宜之病"是人类进化而来的一套系统，我们可以将这套系统应用到管理中去。按照组织管理心理学和组织行为心理学中所提示的规律，在管理许多员工时，要提升他的需求和动机水平。所以许多的团队组织来开会，开会就是为了激励员工，谈他们工作的理想，并且要让销售冠军上台讲话给其颁发奖励，让他们起到带头的作用。这么做的目的就是提高他们的需求动机，他们的需求没得到满足就会导致失衡。

马斯洛需求金字塔的现代诠释揭示，管理者需建立需求诊断雷达系统。通过定期开展心理契约审计，运用盖洛普 Q12 测评工具识别员工处于哪个需求层级。当销售团队连续三个月未达成目标时，表面是绩效问题，实则可能存在尊重需求未满足的深层动因。此时召开誓师大会，让业绩标杆分享成长史，实质是构建"社会比较参照系"，利用班杜拉社会学习理论的观察学习效应，激发团队成员的替代性强化动机。

就像是我想要一万元钱，可是我的口袋里只有五百元，我很想要但是又没有，这时我就失衡了，就会很想去挣这些钱。所以，所有的激发者在管理、工作效率和学习动机上，都是在用外力的方法去激励你，使你的需求和动机提升。内心的需求提升之后显示却达不到，就会按照他们所提示的方法去实践，这就是管理者和领导者的管理模式。他们告诉你去做，你就很努力地去做，于是管理者就实现了团体绩效的提升，这就是管理心理学和组织行为心理学。

值得注意的是，需求满足存在"餍足阈值"。根据赫茨伯格双因素理论，当基础薪酬（保健因素）达标后，管理者应转向对成就认可（激励因素）的精准投放。某科技企业实施的"勋章体系"即为例证：设置"拓荒者勋章"奖励创新突破，"传承者勋章"表彰知识共享。将抽象需求转化为具象符号，实现精神激励的可视化。

需要警惕的是，将员工工具化的伦理风险。

某科技公司曾推行"狼性冲刺"制度，导致三名员工出现应激性溃疡。痛定思痛后改用"脉冲式激励"，即：每季度设置两周冲刺期，其余时间专注能力建设。这种张弛有度的节奏，让季度目标达成率不降反升，员工满意度提升35%。

最终，管理者的角色将回归至其本质：优秀的管理者如同高明的园艺师，不是强行矫正枝丫，而是通过改良土壤、调节光照，让每株植物都能按照自身节律茁壮成长。通过建立"需求诊断—精准激励—压力缓释"的神经行为学闭环，让每个个体在组织生态中既能释放进化赋予的生存本能，又能获得超越生物性局限的成长可能。这种基于神经可塑性的管理艺术，终将催生出既能应对 VUCA【波动性（Volatility）、不确定性（Uncertainty）、复杂性（Complexity）和模糊性（Ambiguity）】时代挑战，又能实现个体价值觉醒的共生型组织——在那里，每个员工的需求失衡都将成为撬动组织进化的支点，每一次动机激发都是对人性潜能的唤醒。

03 如何改变不良行为

从追根溯源的角度去思考这个问题，我们怎样才能改变一个人不良的行为呢？如果我们不想让他偷东西，我们就要在他需求的最源头部分满足他。人有生理性的、社会性的和心理性的需求。人不仅要填饱肚子，需要有社会交往，还需要被人尊重，需要有价值。除此之外，人还需要安全感，等等。当这些需要中有一个不被满足时，人们就会处于失衡的状态。这就好比我们处于非常饥饿的状态的时候血糖会降低，头就会发晕，身体就会想办法去调整这个状态。当我们晕过去的时候，又没有进行血糖的补充，醒来虽然不晕了，那是因为身体内部进行自主调整了。但这种调整付出的代价就是身体免疫力会下降，时间一久，就会成为易病体质。可能后续我们也不太感受到这种身体明显的警报现象，但是慢慢地，身体已经病了，免疫力低下就会致使我们患上其他疾病，比如冠心病、高血压等。

马斯洛需求层次理论揭示，生理、安全、社交、尊重及自我实现需求构成行为动机的金字塔基座，当某一层级需求长期匮乏，个体便会启动"权宜机制"——如同低血糖引发眩晕的生理应急反应，心理需求的缺失会催生替代性行为。这种失衡状态若持续存在，将导致适应性病理反应，正如慢性压力会重塑大脑杏仁核结构，使个体长期处于应激状态。

我们身体的需求没有得到满足，它会提醒我们。但是提醒之后，我们没有满足它的需求，它就会用破坏性的方式达到平衡。孩子是这样，身体是这样，关系也是这样。所有的一切都是需求得不到满足，就会去平衡，于是就有了动机，动机越强烈，行为就越激烈。于是出现了好的行为和不好的行为，不好的行为就是病态的行为，病态的行为就是"症"。

人类具有自主性、能力感和关联性三大基本心理需求。当这些需求受阻，个体可能通过异常行为重建心理平衡。以偷窃行为为例，表面是道德缺陷，深层可能是通过异常举动获取关注的尊重需求缺失。神经科学研究显示，长期被忽视的儿童大脑前额叶皮层活动模式会发生改变，导致其更倾向于采用冒险行为吸引注意。

这样来看，抑郁症也是"权宜之病"，焦虑症也是"权宜之病"，歇斯底里也是"权宜之病"，心理疾病都是"权宜之病"，身体的、生理的都是一样的。从这个角度来看，所有的心理疾病都是因为没有得到正确的满足，得抑郁症的人也是暂时的"权宜之病"。因为他们需要爱，需要价值的体现，需要阳光和希望，但是现在还没有办法去实现这一切，但是他们又想实现，

所有的心理疾病都是"权宜之病"，不得已而做出来的一种行为，这种行为是为了满足动机的需要。

怎么办呢？有的人就会想到先以一种病态的方式去实现，所以就会表现出这些心理病态的症状。

我们一定要用正常的状态换掉他们的病态，让他们一起去干事情，而在干事情的过程中，他们就会找到自我的价值感，也会找到实现目标的路径，这时他们的病就好了。要用积极心理行为去解决一些心理疾病，而少去分析、批评和强化，也不要用另一种病态的方式去代替现在的病态方式。

比如，有的人自己赚不到钱，他就去偷，偷就是"病"。我们可以教给他一种更好的方法去赚钱，还可以被他人认可，他就不会去偷了。这样就可以把心理疾病治好了。从这个理论上来讲，一切的心理疾病都是可以治好的。运用这样一种思路和方法，解决心理疾病就不那么难了。心里有事情不表达就容易得病，所以我们要善于表达，做一个会思考，懂得分享的人。

04　具体操作建议

要真正改变不良行为，需建立"需求溯源—动机转化—行为重塑"的动态干预体系。不良行为本质上是未被满足需求的替代性表达，如同身体低血糖会引发眩晕，当个体在生理、心理或社会层面的核心需求长期缺位时，就会催生失衡状态下的"权宜之计"。以偷窃行为为例，表面看是道德问题，深层可能是饥饿驱动的生存本能，或是通过异常举动寻求关注的尊重缺失。管理者或心理咨询师需化身"心理侦探"，通过行为日记追踪、三维需求评估（生理—安全—社交—尊重—自我实现）等技术，绘制个体需求地图，精准定位触发行为的"心理按钮"。

找到需求缺口后，关键在于构建正向强化回路。这需要设计"需求替代满足方案"：对因饥饿产生偷窃冲动的青少年，可建立定时能量补给站并配套营养教育；对渴望关注的个体，则通过"闪光时刻"展示墙、技能交换市集等平台，将其行为动机从破坏性转向建设性。认知重构同样重要，需引导当事人制作"思维纠偏卡"，将"偷窃才能获得存在感"的扭曲认知转化为"我的绘画天赋更值得被看见"的积极信念，并借助 VR 技术模拟行为改变后的正向形象，激活大脑前额叶的规划能力。

行为重塑阶段需运用"微习惯启动计划",将宏大目标拆解为可立即执行的微小动作。比如用"整理书桌两分钟"替代"学习一小时"的焦虑,或在旧行为触发前插入新动作——想抽烟时先做十个深蹲。环境重构也不可或缺,通过清除触发物(如移除游戏机)、增设正向提示物(张贴健身海报)、组建"行为改变联盟"等方式,打造支持性场域。某企业创新的"行为银行"制度颇具启示:员工用正向行为兑换"行为币",积累后可兑换提前下班等特权,使迟到率下降78%,主动提案数激增三倍。

改变的终极目标是构建心理免疫力。需预设"危机应对卡",列出争吵等高危情境的应对策略,并建立"安全网"系统确保紧急联络人二十四小时响应。长期追踪显示,结合需求替代与环境重构的干预方案,可使行为复发率从67%降至19%。对于特殊场景,如儿童行为矫正可采用"能力徽章"游戏化系统,职场优化可设计"三十天挑战赛"闯关机制,成瘾干预则通过正念品鉴等替代活动转移注意力。

当我们将干预重心从"禁止做什么"转向"创造什么",从"纠正错误"转向"激发潜能",改变就会如春芽破土般自然发生。

改变不良行为的本质,是帮助个体在满足深层需求与建立新平衡之间找到优雅的过渡路径。每个不良行为都是未被听见的需求在呐喊,而真正的解决之道,是协助当事人找到比问题行为更滋养生命的表达方式。

❤️ 生活中的心理学智慧

从个体心理到组织管理，从行为矫正到系统重构，"权宜之病"理论为我们绘制了一幅完整的人类行为图谱。它提醒我们，每个看似非理性的选择背后，都跳动着未被满足的需求脉搏；每项异常行为的持续，都是心理契约失衡的具象化表达。当我们学会用动机的透镜审视世界，偷窃可能成为渴望关注的呐喊，抑郁可能化作寻求价值的密码，就连企业的绩效瓶颈，也能折射出团队未被言说的情感诉求。

这种认知革命正在重塑管理实践与心理干预的范式。从建立需求诊断雷达系统，到设计行为替代方案；从构建心理契约审计机制，到打造多巴胺管理生态，我们正在见证一场静默的变革——将管控转化为赋能，将评判转化为理解，将病态症状转化为成长契机。

在这个意义上，"权宜之病"不仅是理解人类行为的钥匙，更是通往心灵自由的地图。它告诉我们：真正的治愈不在于消除症状，而在于为生命需求找到更优雅的表达方式；永恒的改变不始于强制矫正，而始于对人性深处那份未被看见的需求的温柔回应。

第 十 六 章

自恋的人听不到别人的声音

在人际交往的广袤舞台上，我们常常会遇到这样一类人：他们仿佛置身于一个透明的玻璃罩中，外界的声音难以穿透，只沉浸在自己的世界里，滔滔不绝地诉说着自己的见解与感受，却对旁人的话语充耳不闻。

这类人，往往有着自恋的人格特质。自恋，这一看似平常却又复杂深邃的心理现象，如同一团迷雾，笼罩在许多人的内心深处，影响着他们的思维、情感以及与他人的关系。它不仅是个体心理发展过程中的一个独特议题，更是贯穿于人类社会生活、家庭关系与人际交往的重要线索。

01 从神话隐喻到现实人格

自恋人格的复杂性犹如一座深埋于人类心理地层中的水晶矿脉，其折射的光谱既包含着人类自我意识的璀璨光芒，也暗藏着自我固化的幽暗裂隙。

弗洛伊德曾用希腊神话来做隐喻：自恋的象征性形象是水仙花。

神话故事里有个人物名字叫纳西斯，他妈妈生完他以后发现这个孩子长得很美，但是很不幸，这个孩子被诅咒了，除非孩子一辈子不能看到他自己的样子，否则就会遭到厄运。他妈妈很担心，所以就把他放到深山老林里，她认为那样他就看不到自己的模样了。

纳西斯在深山老林里长大，变成了一个非常帅气的男孩。有一个叫艾科的女神，她被天后赫拉下了诅咒，以至于她永远只能重复别人说话的最后几个字。她爱上了纳西斯，她想向他表白，可她无法正常说话，只是重复着纳西斯的话，这使得纳西斯对她产生了反感。

直到有一天，纳西斯跟他的小伙伴在深山里打猎，发现了一个小水塘，无意间在水中看见了自己的倒影，他完全被自己的样子所迷恋。最后他死在了这潭水里，化身为水仙花，所以我们在精神分析的领域把水仙花隐喻成自恋。

一个自恋的人听不到别人的声音，他耳朵里传来的只有自己的声音，这好像就是艾科和纳西斯之间的情感。纳西斯永远听到的是自己的回音，听不到艾科对他表达的爱，这就是对自恋型的人的一种隐喻。

所以弗洛伊德认为，当一个人无法听到别人说什么的时候，他无法理解别人感受的时候，他是没有办法接受分析的。这种"认知性耳聋"的病理特征，在神经影像学中呈现出前额叶皮层与边缘系统的功能性断联：自恋者处理他人情感时，其杏仁核与前额叶的神经放电强度较常人降低了41%，这种生理性缺陷如同给心灵戴上了降噪耳机，使他们只能听见自我夸大的回响，却对艾科般深情的呼唤充耳不闻。

02 如何区分正常自恋与病态自恋

在人类情感的经纬线上，自恋并非非黑即白的病理标签，而是从健康到病理的连续光谱。奥托·克恩伯格的三元模型揭示了这种光谱的渐变规律：青少年时期适度的自我关注如同春日嫩芽，在自我认同的沃土中自然生长；而夸大型自恋者则像嫁接在他人枝头的藤蔓，将理想化自我投射到客体关系中，却仍保留着感知他人独立性的微弱根系；唯有病态自恋者，其自我结构如同风化的沙堡，在客体恒常性的潮汐中彻底崩塌。

1968 年，美国心理分析学会定义自恋为："一种将心理的兴趣集中在自身的注意力上。"但每个人或多或少地都会有自恋倾向，所有正常爱的关系中，都包含有自恋的因素，如何区别正常与异常不太可能有一个定量的尺度。在这些正常爱的关系中，特别是年轻人的爱情，总包含着对恋人过高的评价，甚至还会把自我理想投射到恋人身上。

这种自恋与病态自恋的区别在于：在正常爱的关系中，虽也有将自我理想投射到对方上，但能意识到对方是一个独立的个体，有不同于自己的欲望和需要。这种区分在临床实践中具有重要价值——当伴侣在热恋期出现"暂时性自恋膨胀"时，其大脑伏隔核的奖赏反应会提升 300%，但随着多巴胺系统的适应性调节，这种状态通常会在 6~18 个月内自然消退，与需要长期干预的病理自恋形成本质差异。

比方说：如果送一份礼物给对方，其原始的目的是让对方感到快乐，而不仅仅是为了获得好的评价。但病态的自恋则不同，在这种情况下，他们只是为了获得好评，他人是否快乐不重要。

病态自恋者视周围的人仅为一个工具，这个工具为己所用。

另外一个重要的区别是：从临床的角度看，正常的自恋拥有共情的能力，病态的自恋则相反，他们根本无共情的能力。

03　母亲的教育方式

自恋人格的代际传递犹如希腊神话中达摩克利斯之剑，在母子关系的琴弦上奏响双重变奏。控制型母亲如同精密的生物钟，将子女生活的每个细节都纳入自己的调控程序：她们替孩子决定衬衫纽扣的颜色，规划人生轨迹的每个坐标，这种过度卷入的教养方式使子女前额叶皮层的灰质密度降低了15%，导致其自我决定能力发育迟缓。而忽视型母亲则像荒漠中的幻影，用物质补偿替代情感联结，她们在亲子互动中展现的"情感饥荒"，使子女右侧前额叶皮层与边缘系统的神经连接减少28%，催生出"假性独立"的防御性人格。这两种看似对立的教养模式，实则通过不同的神经可塑性改变，在孩子心中种下自恋的种子。

在我做咨询和辅导的时候，发现很多觉得"自己很有理"的年轻人，他们自恋型人格的形成，和其母亲是有直接的关系。多数自恋母亲忠实于代代相传的、扭曲的爱的方式，要么过度履行自己的职责（事必躬亲型），要么履行得不够（心不在焉型）。虽然这两种养育方式看上去是对立的，但对孩子来说，负面影响却是一致的。

事必躬亲型母亲即控制型母亲，这类母亲常让人透不过气来，她们试图影响、控制子女生活的方方面面。她替孩子做决定，从穿着、行为、言谈、想法和感觉等方面，让孩子几乎没有自我成长或发现自己天性的空间，在许多方面都成了母亲的附属物。这些行为削弱了孩子的自我形象，让他们产生无用感。妈妈不停告诉孩子，她希望孩子成为怎样的人，而不是让孩子肯定自己的天性。由于十分渴望得到妈妈的爱和赞赏，孩子顺从了妈妈，并在这一过程中丧失了自我。

妈妈用控制型的方法来管教孩子，语言上的表现经常是"听妈妈的准没错""让你不听话""妈妈的话你可要记住了，别犯傻"等等。这些话看似是为孩子好，实际上是为了满足妈妈的自恋心理。妈妈自认为孩子什么都不懂，要把自己知道的都要交给孩子，退一步讲，就算孩子现在不懂，以后也会慢慢懂得。所以，妈妈会心安理得地在家庭教育的过程中，把自己的经验传授给孩子。但从这个角度来说，妈妈不自觉地把孩子看成弱势群体，不自主地就想领导孩子，这对孩子以后的成长是非常不利的。

心不在焉型母亲，肉体上和情绪上的忽视传达给孩子的信息是，你无关紧要。母亲不给孩子提供指导、情绪支持、情感共鸣，她们从来不考虑孩子，甚至否认孩子的情绪。在离婚案例中见到过较多的心不在焉型父母，在处理抚养问题的程序中，讨论的焦点不是怎样做对孩子最好，而是怎样做对父母最好。这种对孩子的伤害远非这些相互疏离的父母所能意识到的。

04 缺乏安全感

受自恋妈妈教育方式的影响，小孩会没有自我，没有认同感。如果孩子能够早早意识到这个问题，逐渐开始摆脱妈妈的掌控，让自己处在一个安全的状态，那这个小孩长大之后就不会有什么人格问题。但是如果小孩一直蜷缩在妈妈的脚下，他的安全感水平就会比较低。长大后，他要保证自己的安全，就会在人际交往中表现出咄咄逼人的状态。

自恋型人格关于人际关系的领地意识特别强，他每天有大量的时间，像动物世界里面的那些动物，做很多的工作去描绘自己的领地。

比如在夫妻相处中，最强势的那一方其实是安全感比较低的那一方。为什么会这样呢？因为他害怕有一些事情要发生，他承受不了。还有一些人，在平常的关系中相处都很好，一旦进入亲密关系就不好了，就会表现出想控制或者是压制对方，以便把自己放在主导位置，说到底，还是由于安全感不够。

那么我们换一种打开方式，如果他觉得周围的环境是安全的，他就会很乐意表达自己的真实想法。就像我们在教育小孩或与别人沟通时，如果发现对方是不恰当的，我们首先要做的不是指出他的问题，而是让他感觉到我们是可信的，是不会伤害他的。这样他才会愿意听你的话，愿意接受你的建议。

　　另外，缺乏安全感也和创伤经验有关。过去总是被打压、被否定，从来没有被鼓励过，他就会有一种投射，创伤型的投射。只要别人反对他，他就觉得自己又被打压了，自己又要受伤害了。

　　自恋者的安全感构建犹如在悬崖边缘搭建的空中楼阁，其防御机制中交织着傲慢与恐惧的双重变奏。神经生物学研究显示，当自恋者遭遇社会排斥时，其背侧前扣带回皮层的血氧水平依赖信号会骤增67%，这种神经警报的过度敏感，解释了他们为何总在关系中竖起带刺的藩篱。更吊诡的是，这种防御姿态往往源于内心深处的脆弱：恐惧型依恋者的海马旁回中储存着大量早期创伤记忆，当相似情境触发时，这些记忆会像多米诺骨牌般倾泻而出，导致其认知评估系统出现系统性偏差。这种"防御性攻击"与"关系回避"的矛盾行为，实则是大脑杏仁核－岛叶网络在进化压力下形成的生存策略。

　　帮助这类人你就要注意方式，他不是不知道错误，而是他还无法确认外部的安全，所以你要去建立安全感。"常有理"的人是值得同情的，因为他们确实是人格层面不够健全。他受原生家庭的影响，在亲密关系中也是一个受害者，由于之前有过被抛弃、被否定的痛苦经历，不想往事重新上演，于是就把自己伪装成强者，就这样一代一代循环下来，这是一种文化的遗传。这时就需要进行自我的心理修复和自我成长，必要时找专业的心理咨询师或心理医生，进行一个系统性人格重构。

05 思维品质不够灵活

"常有理"的一些人在思维品质上不够灵活，他不认为自己是错的，或者他看不到自己是错的，这个问题可以归为自我认知问题。思维属于认知的一部分，思维不够灵活，看待问题的角度不够全面，就会容易故步自封。

在自恋者的认知迷宫中，思维僵化如同盘踞在理性通道中的巨蟒。双重加工模型的神经影像学证据揭示了这种僵化的生物学基础：系统 1 的杏仁核—岛叶网络对批评性信息的超敏反应，使得自恋者如同携带隐形雷达的战机，总能精准捕获环境中 0.3 秒内的负面信号；而系统 2 的背外侧前额叶皮层在认知重评任务中的低效运作，又让他们在面对复杂情境时，像卡带的留声机般反复播放固着观念。这种神经机制催生出达克效应的认知泡沫——能力欠缺者对自我能力的评估误差可达 40%，如同醉酒者高估自己的平衡能力，在错误的道路上越走越远。

我们今天做心理辅导、心理咨询师要具备的一种能力就是"同理心"，同理心就是设身处地替来访者着想。人家心理上需要你的帮助，你坐在这里听人家倾诉的时候，你就能感受到来访者的心情以及他所处的心理环境。如果你没有办法设身处地，没有办法同理到对方，那对方就不会感觉到被支持，你的咨询就无法持续下去。其实不光是心理咨询师，社会上的任何一个人都需要具备一种看见别人的能力。

思维的灵活性往往和另外一种因素相关——积极情绪。在研究中发现：越是对自己满意的人，他思维的灵活性就越强，兴趣感特别强，对自己的满意度也越高。

> 快乐，不止是一种感受，它还是一种更聪明、更开放的思维状态。

平时爱和喜悦这种积极情绪多的人，在思维上比较灵活，可以跳出来去看很多的问题。那些消极的人，长期处在悲观、抑郁、恐惧、焦虑中，对问题更容易偏执。

我们看到越是开心的人，越是高兴的人，生活中感到幸福的人，他们对问题的看法就越开放。而越是那种不开心的人，看问题的时候，往往会钻牛角尖，也就是思维不灵活。

"常有理"的人肯定不是一个思维灵活的人。如果他思维灵活，能够多角度地看待自己的能力，就不会出现那种自以为是、偏执的状态。

06   如何与"常有理"的人相处

总体来说，"常有理"的人无论是从心理人格角度，还是从人际关系角度都是值得同情的对象，只是我们和他们相处会很辛苦。

如果这个"常有理"的人恰好是你的上司，你要认识到他们的心理非常幼稚、脆弱，不要被他们的实际年龄、位置所迷惑，这一点对于摆脱自恋者的控制相当重要。如果你不掺杂太多的自我意识，与一个自恋的老板相处倒不是一件 很困难的事情。当然，如果他不赞赏你的努力，很容易变成辱骂或者贬低你，这时你应该爽快地辞职。

如果这个"常有理"的人是你的父母或者亲人，你要明白他实际上也是一个受害者，如果有选择，他也想做一个接纳别人的人，一个开放的人。现在所有的不良行为，都是一种权宜之计，他只是不想让自己受到伤害。如果我们没有办法帮助他，我们能做的就是尽量不要让他受到更大的影响和伤害。如果可以的话，我们要试着接纳他、理解他。当然接纳不是赞成他这样做，而是接纳他现在的这种表现行为，接纳之后就能够慢慢地改善你和他的关系。

如果这个"常有理"的人是你的朋友，你就需要让他认清事实。如果他咄咄逼人，你也要拿出强硬的态度：等你冷静下来我们再讨论。第一次这么做，你可能会有些惴惴不安，但是它的效果是不容置疑的。因为你的做法已改变了你们之间的相处模式，他的暴怒再也无法控制你了，更重要的一点是，在这个关系中，你没有被同伴的强势所淹没，你还保持了平等的人格。

　　需要提醒的是，人有一些本性的东西都是要保护自己，都是要让自己处在一个绝对的位置，可能我们不经意的行为就会对他人造成一些影响或者是伤害。我们唯一能够做的是带着一颗善良的心，带着一种与他人为善的心，不停地觉察自省，使自己避免陷入这个怪圈。

　　与自恋者的相处艺术，本质上是一场精心编排的神经舞蹈。面对自恋型上司时，需要像调音师般精准把握权威型边界的频率：用结构化沟通的节拍器稳定对话节奏，将反馈聚焦于可量化的工作指标，如同用显微镜观察细胞而非用望远镜眺望星云。在家庭系统中，系统式治疗的"循环提问"技术则像手术刀般精准解剖互动模式："当您这样做时，您希望对方有什么反应？"这类问题如同投入平静湖面的石子，能激起自恋者未分化的自我表征，使其开始意识到自己既是加害者也是受害者的双重身份。

07　具体操作建议

一、与自恋型上司的博弈艺术

在职场丛林中应对自恋型权威，需将权力关系转化为可量化的"精密仪器"：在沟通时启动"显微镜模式"，用"事实—数据—对比"三联锚定对话基准（如"Q3 客户投诉率同比上涨15%，核心矛盾在审批环节"），避免主观评价触发防御机制；提出需求时采用"最小执行单元拆解法"，将模糊指令转化为"周五前确认预算审批节点"等可交付成果，降低对方决策焦虑。

当遭遇越界行为时，善用"三明治话术"构建心理缓冲带——先肯定前瞻性（"您对效率的把控极具战略眼光"），再提示资源限制（"但现有团队配置可能影响交付质量"），最后提供替代方案（"建议分阶段推进，优先完成用户增长模型"）。同时建立"红绿灯预警系统"：遭遇辱骂时启动 72 小时静默期，暂停非必要接触；面对微观管理时用日报制度设置物理边界，18：00 后进入"工作结界"。关键要诀在于，将每一次互动视为"神经可塑性训练场"，通过持续的正向反馈循环（如用具体案例强化其理性决策行为），逐步重塑对方的认知模式。

二、家庭系统中的"情感解冻"工程

与自恋型亲属相处需构建"多层防护体系":在沟通层面采用"非暴力沟通"四步法,将"你总是不尊重我"转化为"上周三次被打断时,我感到被忽视,下次能否先听完我的三句话再回应?"——通过观察(行为)、感受(情绪)、需要(期待)、请求(行动)的链条,将情绪冲突转化为可协商议题。同时实施"有限共情策略",每周划定两小时"情感配额"进行深度倾听,超时后启用"暂停话术"("今天的信息量需要消化,我们明天再讨论"),避免过度卷入。

更需启动"代际创伤阻断计划",通过每周固定一小时的"无评判时光"(仅分享天气、饮食等中性话题),逐步建立情感安全区;必要时引入"第三方缓冲机制",邀请中立亲友参与家庭会议,用客观视角稀释主观偏见。需铭记的是,所有改变都应遵循"渐进暴露原则",从低敏感话题(如新闻讨论)逐步向高敏感领域(如职业选择)渗透,每次突破后需给予双方"心理休整期"。

三、社交场域的"权力再平衡术"

面对自恋型朋友的情感操控,需建立"动态博弈模型":当遭遇贬低时,立即启动"元沟通"程序("你似乎在通过贬低我获取优越感,这让对话失去了平等基础"),并亮出"30秒情绪冷却计时器",用物理倒计时中断负面螺旋。日常相处中推行"行为契约制",共同签署"友好协议"明确底线（如禁止外貌攻击），违约方需承担"社交积分惩罚"（如请客喝咖啡）。

更需设计"三级接触脱敏计划"——初级阶段仅在公共场合保持弱连接（如咖啡厅偶遇），中级阶段每周进行 30 分钟结构化通话（需提前拟定议程），高级阶段每月开展一次深度对话（时长不超过 90 分钟）。若连续三次触发冲突，自动降低接触频率，形成"渐进式脱困路径"。

四、贯穿始终的"心理防护网"

无论何种关系场景，自我保护都需遵循"神经科学逻辑"：每日通过 10 分钟"正念呼吸训练"构建"情绪隔离舱"，将对方攻击性语言具象化为透明气泡，目送其飘离意识场域；遭遇语言暴力时立即启动"心理盾牌话术"（"我听到了你的观点，但保留自己的立场"），避免陷入自证陷阱。

同时建立"认知弹性训练机制"，当被贬低时快速启动"替代解释生成器"，列出三种客观原因（如"他可能刚被领导批评""近期项目压力过大"），防止灾难化思维蔓延。更需编织"社会支持安全网"，加入匿名互助小组定期进行"压力释放仪式"，预设三位"应急联系人"形成 24 小时情感后盾。

❤ 生活中的心理学智慧

心理学是一门贴近生活的学科，其应用范围涵盖日常的方方面面。许多人热衷学习心理学，正是因为它揭示了幸福的本质——真正的快乐并非源于外在条件（如财富或地位），而是来自内心的积极情绪、全情投入以及生活的意义感，等等。

积极心理学提出"福流"（Flow）的概念，即人在专注投入某项活动时，所体验到的巅峰愉悦感。这种状态并非来自一成不变的生活，而是通过主动探索新体验、挑战自我而获得。

网上流传这样一个故事：一个渔夫在海边悠闲地晒着太阳，一位路人问他，你为什么不去打鱼？打鱼的话，可以买大船，买大船就可以享受人生。

渔夫说："我现在不就在享受人生吗？"

渔夫看似在享受安逸，但若缺乏目标与投入，这种"享受"可能只是短暂的休息，而非持久的幸福。

生活中的心理学智慧，指的就是，我们这些心理学的爱好者和研究者，怎样从心理学的视角，去发现生活中的心理学智慧，然后，用心理科学为我们实现持久的幸福生活保驾护航。